AF469907

MANUEL

DU BACCALAURÉAT ÈS SCIENCES.

COSMOGRAPHIE.

On trouve à la même librairie :

Manuel du Baccalauréat ès Sciences, rédigé d'après les programmes officiels des lycées prescrits pour les examens du baccalauréat, par *MM. J. Langlebert*, professeur de sciences physiques et naturelles à Paris, et *E. Catalan*, agrégé de l'Université de France, professeur à l'Université de Liége; 2 vol. in-12, en 8 parties, *avec gravures dans le texte et planches gravées.*

Chaque volume se vend séparément pour chaque degré de baccalauréat et pour chaque classe des lycées.

Première Partie, Manuel d'Arithmétique et d'Algèbre, rédigé d'après les programmes officiels, par *M. E. Catalan :* 7e édition; 1 vol. in-12.

Deuxième Partie, Manuel de Géométrie, suivi de notions sur quelques courbes, rédigé d'après les programmes officiels, par *M. E. Catalan :* 7e édition; 1 vol. in-12, *avec gravures dans le texte.*

Troisième Partie, Manuel de Trigonométrie rectiligne et de Géométrie descriptive, rédigé d'après les programmes officiels, par *M. E. Catalan :* 7e édition; 1 vol. in-12, *avec gravures dans le texte et planches gravées.*

Quatrième Partie, Manuel de Cosmographie, rédigé d'après les programmes officiels, par *M. E. Catalan :* 8e édition; 1 vol. in-12, *avec gravures dans le texte et planches gravées.*

Cinquième Partie, Manuel de Mécanique, rédigé d'après les programmes officiels, par *M. E. Catalan :* 8e édition; 1 vol. in-12, *avec gravures dans le texte.*

Sixième Partie, Manuel de Physique, rédigé d'après les programmes officiels, par *M. J. Langlebert :* 20e édition; 1 fort vol. in-12, *avec gravures dans le texte.*

Septième Partie, Manuel de Chimie, rédigé d'après les programmes officiels, par *M. J. Langlebert :* 20e édition; 1 fort vol. in-12, *avec gravures dans le texte.*

Huitième Partie, Manuel d'Histoire Naturelle, rédigé d'après les programmes officiels, par *M. J. Langlebert :* 21e édition; 1 fort vol. in-12, *avec gravures dans le texte.*

Pour la Partie littéraire, consulter le *Manuel du Baccalauréat ès Lettres, par MM. E. Lefranc et G. Jeannin.*

MANUEL
DE COSMOGRAPHIE

Rédigé d'après les Programmes officiels des Lycées
prescrits pour les examens du Baccalauréat

Par E. CATALAN
AGRÉGÉ DE L'UNIVERSITÉ DE FRANCE, DOCTEUR ÈS SCIENCES,
PROFESSEUR D'ANALYSE A L'UNIVERSITÉ DE LIÉGE.

HUITIÈME ÉDITION
Ornée de gravures dans le texte.

PARIS.
IMPRIMERIE ET LIBRAIRIE CLASSIQUES
De JULES DELALAIN et FILS
RUE DES ÉCOLES, VIS-A-VIS DE LA SORBONNE.

Aux termes d'un décret en date du 27 novembre 1864, l'examen du baccalauréat ès sciences porte sur les matières enseignées dans la classe de mathématiques élémentaires des lycées (deuxième année) ; celui du baccalauréat ès lettres, sur les matières enseignées dans les classes de rhétorique et de philosophie des lycées.

COSMOGRAPHIE.

PROGRAMME D'ENSEIGNEMENT DES LYCÉES.

Les chiffres renvoient aux paragraphes où la question est traitée.

Premières apparences que présente l'aspect du ciel, 1-6.

Ascensions droites et déclinaisons des étoiles, 46-49. — Description du ciel, 7-27. — Constellations et principales étoiles, 7-27.

De la terre, 56-62. — Longitudes et latitudes géographiques, 64-69.

Valeurs numériques des degrés mesurés en France, en Laponie, au Pérou, et rapportés à l'ancienne toise. Leur allongement à mesure qu'on s'approche des pôles : on en conclut que la terre est aplatie aux pôles, 71-77.

Cartes géographiques, 90-103. — Notions sur les divers systèmes de projections, 92-103.

Du soleil, 105-137. — Mouvement annuel apparent, 105-138.

Diamètre apparent du soleil, 124. — Mouvement elliptique, 125. — Principe des aires, 126.

Notions sur la mesure du temps, 138-144. — Année tropique, 145. — Calendrier, 147-157.

Distance du soleil à la terre, 132. — Rapport du volume du soleil à celui de la terre, 133. — Rapport des masses, 135.

Taches du soleil, 136. — Rotation du soleil sur lui-même, 136.

Inégalité des jours et des nuits, 158-162. — Saisons, 170.

Idée de la précession des équinoxes, 180-185.

Mouvements réels de la terre, 171-178.

De la lune, 186-228. — Phases, 210-212.

Révolutions sidérale et synodique, 194, 195. — Orbite décrite par la lune autour de la terre, 201-205.

Distance de la lune à la terre, 206. — Rapport du volume de la lune à celui de la terre, 207. — Rapport des masses, 207.

TABLE DES MATIÈRES.

Les chiffres renvoient aux pages.

COSMOGRAPHIE.

CHAPITRE I.

Premières apparences que présente l'aspect du ciel (1-6). — Ascensions droites et déclinaisons des étoiles (46-49). — Description du ciel (7-27). — Constellations et principales étoiles (7-27).

Aspect général du ciel.

1. Supposons qu'un observateur soit placé, quelques instants après le *coucher du Soleil,* et par un beau temps, dans un lieu découvert et élevé : un spectacle majestueux et varié s'offrira à ses regards. Des *étoiles*, restées invisibles pendant le jour, parce que leur lumière disparaissait devant celle du Soleil, apparaîtront successivement ; leur nombre augmentera bientôt, en même temps que leur éclat, et enfin elles illumineront tout le *ciel.*

S'il poursuit son examen, le spectateur reconnaîtra que ces *astres,* tout en gardant, à peu près, leurs positions relatives, ne sont pas fixes, et que leurs mouvements sont analogues à celui du Soleil.

Admettons que l'observateur tourne le dos à la partie du ciel où se trouve le Soleil vers le milieu de la journée. S'il regarde à sa droite, il pourra voir, à chaque instant, de nouvelles étoiles s'élever au-dessus de l'*horizon*. S'il en suit quelques-unes en particulier, il les verra monter dans le ciel, en s'avançant vers le *sud;* interrompre leur marche ascendante quand elles seront parvenues à une certaine hauteur ; descendre vers la gauche, et enfin disparaître au-dessous de l'horizon.

Étoile polaire.

2. Toutes les étoiles n'ont pas, comme celles dont nous venons de parler, un *lever* et un *coucher :* il en est qui restent toujours au-dessus de l'horizon. Parmi celles-ci, les unes paraissent décrire une circonférence qui rase la surface de la

Terre, et les autres semblent se mouvoir sur des circonférences de plus en plus petites, en se rapprochant d'une dernière étoile, à peu près immobile, à laquelle on a donné le nom d'*étoile polaire**.

Axe du monde.

3. De ce premier aperçu, il résulte que le ciel paraît tourner, tout d'une pièce, autour d'une droite, appelée *axe du monde,* passant par le lieu de l'observation et par un point fixe, voisin de l'étoile polaire. Si certaines étoiles se lèvent et se couchent, c'est parce qu'elles parcourent, *au-dessous* de l'horizon, le complément de l'arc qu'elles ont décrit au-dessus. En effet, telle étoile, déjà *couchée* à Paris, serait visible sur l'horizon de Brest, et ne serait pas encore *levée* pour un observateur placé à New-York.

Distances angulaires des étoiles.

4. Dans leur mouvement apparent autour de l'axe du monde, les étoiles conservent leurs positions relatives. En d'autres termes : l'*angle formé par les rayons visuels dirigés vers deux étoiles quelconques est invariable.* Cet angle est ce qu'on appelle la *distance angulaire* des deux étoiles.

Pour vérifier, d'une manière assez grossière, il est vrai, cette invariabilité, on assujettit deux baguettes rectilignes, de telle sorte qu'elles forment un angle constant, et qu'à un moment donné, le sommet étant près de l'œil, les deux côtés de l'angle soient dirigés vers deux étoiles remarquables. Au bout d'une heure, de deux heures, de trois heures, etc., les rayons visuels dirigés vers les deux étoiles peuvent encore coïncider avec les côtés de l'angle**; donc la distance angulaire n'a pas changé.

Sphère céleste. Pôles.

5. Le mouvement qui nous occupe est appelé *mouvement diurne.* Il sera rendu plus sensible si l'on se représente les étoiles comme attachées à la surface d'une immense sphère

* Les étoiles qui n'ont ni lever ni coucher ne sont, pas plus que les autres, observables à l'*œil nu* pendant le jour; mais, au moyen d'une bonne lunette, on peut les suivre dans leur parcours.

** Cette expérience pourrait se trouver en défaut, à cause des *réfractions,* si l'on considérait deux étoiles fort éloignées du pôle.

creuse, appelée *sphère céleste* ou *voûte céleste**, dont le centre serait le lieu de l'observation, et qui tournerait, d'*orient* en *occident*, autour de l'axe du monde. Les points où cet axe rencontre la sphère céleste sont les *pôles* de celle-ci. L'un, visible à Paris, est le pôle *arctique***; l'autre est le pôle *antarctique****.

Cercles de perpétuelle apparition et de perpétuelle occultation.

6. Nous avons vu que certaines étoiles sont toujours sur l'horizon de l'observateur : elles sont dites *étoiles circompolaires*. Le *cercle de perpétuelle apparition* limite la partie du ciel où elles sont situées : il les sépare des étoiles qui ont un lever et un coucher. De même, le cercle de *perpétuelle occultation* est celui au delà duquel sont les étoiles toujours invisibles. Évidemment, ces deux cercles ne sont pas fixes dans le ciel : ils se déplacent quand l'observateur s'avance vers le *nord* ou vers le *sud*.

Étoiles de diverses grandeurs.

7. Les étoiles ne sont pas toutes également brillantes. Celles dont l'éclat est le plus vif sont dites *primaires* ou de *première grandeur*. Viennent ensuite les étoiles de deuxième grandeur, de troisième grandeur, etc. Passé la sixième grandeur, elles ne sont plus *visibles à l'œil nu*. On conçoit que ces classifications sont assez arbitraires, et qu'une même étoile peut être

* A proprement parler, la *voûte céleste* est l'*hémisphère céleste* situé au-dessus de l'horizon.

** *Arctique* vient du mot ἄρκτος, qui signifie *Ourse*.

*** Tout le monde sait, aujourd'hui, que la *sphère céleste*, l'*axe du monde*, les *pôles* sont de pures abstractions, destinées seulement à peindre, avec netteté, des *mouvements apparents*. Il n'en était pas ainsi des anciens : ils croyaient *fermement* à l'existence de *cieux solides*, liés à un *axe solide*, *pourvu de pivots tournants dans des crapaudines fixes*. Témoin ce passage de Vitruve : « Le ciel est ce qui tourne incessamment autour de la terre et de la mer sur un essieu, dont les extrémités sont comme deux pivots qui le soutiennent ; car, en ces deux endroits, la puissance qui gouverne la nature a fabriqué et mis ces pivots comme deux centres, dont l'un va de la terre et de la mer se rendre au haut du monde, auprès du septentrion ; l'autre est à l'opposite, sous terre, vers le midi ; et autour de ces pivots, comme autour de deux centres, elle a mis de petits moyeux pareils à ceux d'une roue ou d'un tour, sur lesquels le ciel tourne continuellement. » (ARAGO, *Astronomie populaire*.)

de première grandeur pour un astronome et de deuxième grandeur pour un autre. On compte environ quatre mille étoiles visibles à l'œil nu, parmi lesquelles il y en a vingt de première grandeur. On leur a donné les noms suivants :

Sirius, ou α du *Grand Chien;*
Canopus, ou α du *Navire Argo* (invisible à Paris);
α du *Centaure* (invisible à Paris);
β du *Centaure* (invisible à Paris);
Arcturus, ou α du *Bouvier;*
Bételgeuze, ou l'*Épaule droite d'Orion;*
Rigel, ou le *Pied gauche d'Orion;*
La *Chèvre*, ou α du *Cocher;*
Wéga, ou α de la *Lyre;*
Procyon, ou α du *Petit Chien;*
Achernard, ou α de l'*Éridan* (invisible à Paris);
Aldebaran, ou l'*Œil du Taureau;*
α de la *Croix du Sud* (invisible à Paris);
β de la *Croix du Sud* (invisible à Paris);
Antarès, ou le *Cœur du Scorpion;*
Ataïr, ou α de l'*Aigle;*
L'*Épi de la Vierge;*
Régulus, ou le *Cœur du Lion;*
Fomalhaut, ou α du *Poisson austral*,
Castor, ou α des *Gémeaux*.

Constellations.

8. On a réuni les étoiles, par la pensée, en groupes nommés *constellations*, auxquels on a attribué des dénominations empruntées à la mythologie, à l'histoire, à la science, etc. Ensuite, pour distinguer les étoiles d'une même constellation, on les désigne, suivant leur grandeur, soit par des numéros d'ordre, soit par des lettres grecques. Nous avons à peine besoin de dire que les constellations n'ont généralement aucun rapport de forme avec les animaux ou les objets dont elles portent les noms.

Description des principales constellations *.

9. *La Grande Ourse.* — L'observateur étant toujours tourné vers le nord, il verra d'abord une constellation appelée la *Grande Ourse*, composée de sept étoiles α, β, γ, δ, ε, ζ, η, de seconde grandeur (excepté δ qui est tertiaire).

Les quatre premières sont disposées en trapèze; les trois autres, qui forment la *queue*, sont à peu près sur le prolongement de la diagonale $\beta\delta$. Enfin, α et β sont les *gardes*.

Cette constellation, aussi bien que les trois constellations suivantes, ne se couche jamais pour Paris.

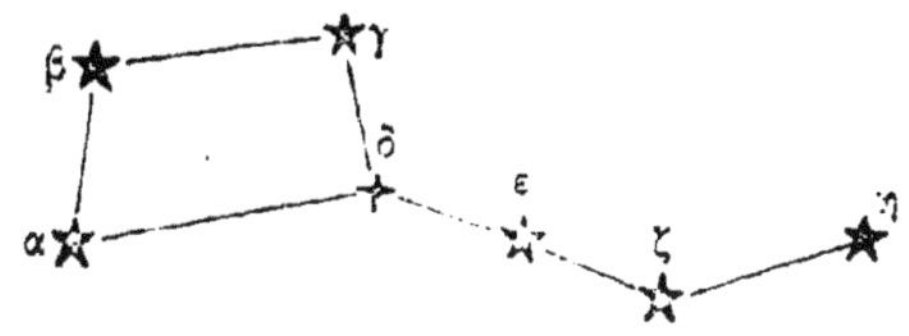

10. *La Petite Ourse.* — Si l'observateur tend un fil qui lui cache les *gardes*, et qu'il le prolonge suffisamment, la direction du fil ** rencontrera l'*Étoile polaire* ou la *Tramontane*, laquelle est, en même temps, α de la *Petite Ourse*. Cette constellation se compose, comme la précédente, de sept étoiles, affectant la même figure, mais avec moins d'éclat, sous des dimensions moindres et dans une position inverse.

11. *Cassiopée.* — Une droite menée de δ de la Grande Ourse à la Polaire, et prolongée d'une longueur à peu près égale, aboutit à l'une des extrémités de l'Y brisé formé par les cinq étoiles tertiaires qui constituent *Cassiopée*.

12. *Céphée.* — Cette constellation se compose de trois étoiles tertiaires, formant un arc dont l'extrémité γ est presque au milieu de la droite passant par δ de la Petite Ourse et par β de Cassiopée.

13. *Pégase, Andromède, Persée.* — Les étoiles principales de ces trois constellations sont secondaires et au nombre de sept : la disposition est, à fort peu près, celle des étoiles qui composent la Grande Ourse. En outre, la droite menée par les gardes

* Nous indiquons, dans ce paragraphe, de quelle manière on peut apprendre à reconnaître aisément les principales constellations visibles à Paris. (Voyez le planisphère.)

** Ou, plus exactement, le plan passant par le fil et par l'œil de l'observateur.

et prolongée au delà de Cassiopée, passe par α et β de *Pégase;* en sorte qu'il est facile de trouver cette dernière constellation. Ajoutons que, relativement à notre observateur, γ d'*Andromède* est sur le cercle de *perpétuelle apparition*, et que α de *Persée* passe, une fois chaque nuit, par la verticale du lieu.

14. *Le Dragon.* — Cette constellation, toujours située sur l'horizon de Paris, est formée d'un grand nombre d'étoiles secondaires, tertiaires, etc., lesquelles, partant de l'espace compris entre la Grande Ourse et la Petite Ourse, tournent autour de celle-ci, se rapprochent de Céphée, s'éloignent ensuite de cette constellation, et se terminent par quatre étoiles de troisième grandeur, qui forment la tête du *Dragon.*

15. *Le Cocher.* — En menant une droite par β du Dragon et par la Polaire, on rencontre trois belles étoiles appartenant au *Cocher*. De ces étoiles, deux sont secondaires; la troisième, appelée la *Chèvre,* est de première grandeur.

16. *Le Bouvier.* — En prolongeant à peu près en ligne droite, et au-dessus du cercle de perpétuelle apparition, la queue de la Grande Ourse, on rencontre *Arcturus,* étoile de première grandeur, appartenant à la constellation du *Bouvier*. Celle-ci contient, en outre, quatre étoiles tertiaires.

17. *La Lyre.* — Non loin de la tête du Dragon, et un peu au-dessous du cercle de perpétuelle apparition, se trouve *Wéga,* étoile de première grandeur. Avec trois tertiaires, elle forme le groupe appelé la *Lyre.* Wéga est le sommet de l'angle droit d'un triangle dont la Polaire et Arcturus sont les deux autres sommets.

18. *Le Cygne* ou *la Croix.* — Entre la Lyre et Pégase, mais plus près de la Lyre, se trouve le *Cygne*, constellation composée de cinq étoiles ayant à peu près la disposition d'une croix latine. L'étoile placée à l'extrémité supérieure de la croix est de seconde grandeur : les autres sont tertiaires.

19. *L'Aigle.* — Une droite menée de la Polaire à δ du Cygne vient passer au milieu de l'*Aigle,* formé de plusieurs tertiaires et d'une primaire, nommée *Ataïr.*

20. *Orion.* — Cette constellation, l'une des plus remarquables du ciel, a la forme d'un grand trapèze dont un des

côtés est sur le prolongement de la droite qui joint la Polaire à la Chèvre. Des deux extrémités de ce côté, la plus éloignée du pôle est *Rigel*, ou le *Pied gauche d'Orion*, étoile de première grandeur; l'autre est secondaire. Le sommet opposé à Rigel est également une primaire, nommée *Bételgeuze* ou *l'Épaule droite d'Orion*. Le dernier sommet est de deuxième grandeur.

Au milieu du quadrilatère sont trois étoiles secondaires, équidistantes, disposées sur une même droite, et que l'on appelle le *Baudrier d'Orion*.

21. *Le Grand Chien.* — Presque à l'intersection de la diagonale βδ de la Grande Ourse avec la ligne du Baudrier d'Orion, est situé *Sirius*, l'étoile la plus brillante du ciel. Elle appartient à la constellation du *Grand Chien*, qui contient encore six étoiles secondaires.

22. *Le Petit Chien.* — La diagonale dont nous venons de parler passe très-près de *Procyon*, étoile primaire, qui fait partie du *Petit Chien*. Cette constellation renferme, en outre, une étoile de deuxième grandeur.

23. *Le Taureau, les Pléiades, les Hyades.* — La ligne du Baudrier d'Orion, prolongée en sens contraire de Sirius, rencontre une petite constellation formée de six étoiles: ce sont les *Pléiades*, sur le *dos du Taureau*. Une étoile rougeâtre, de première grandeur, est l'*Œil du Taureau*, ou *Aldebaran*. Elle termine l'une des branches d'un V formé de cinq étoiles très-visibles, situées sur le *front* du Taureau et appelées les *Hyades*.

24. *La Vierge.* — A peu près sur le prolongement de la diagonale αγ de la Grande Ourse, et à l'opposite de Persée, se trouve la *Vierge*, constellation remarquable par une étoile de première grandeur, nommée l'*Épi*.

25. *Les Gémeaux.* — Au milieu de l'espace compris entre la Grande Ourse et le Grand Chien, on rencontre deux étoiles appartenant à la constellation des *Gémeaux*. L'une, de première grandeur, est *Castor*; l'autre, secondaire, est *Pollux*.

26. *Le Lion.* — La ligne des gardes de la Grande Ourse, prolongée en sens contraire de la Polaire, rencontre *Régulus*, étoile de première grandeur, qui fait partie du *Lion*. Cette constellation, complétée par trois secondaires, une tertiaire, etc., a la forme d'un trapèze.

27. *Le Scorpion.* — Enfin, la ligne menée d'Aldebaran à la Polaire, et prolongée jusque près de l'horizon, rencontre *Antarès,* ou le *Cœur du Scorpion.* Cette étoile s'élève fort peu sur l'horizon de Paris. Il en est de même, à plus forte raison, pour *Fomalhaut,* qui appartient au *Poisson austral**.

Planisphères. Globes célestes.

28. Ayant appris à reconnaître les étoiles principales, on doit chercher à déterminer exactement les positions que ces astres occupent dans le ciel, afin de pouvoir les représenter, soit par des dessins appelés *planisphères,* soit, ce qui est préférable, sur des sphères de bois ou de carton, auxquelles on donne le nom de *globes célestes.* Cette détermination, dont le but principal est la connaissance des lois du mouvement diurne, exige l'emploi de quelques instruments que nous ferons connaître dans ce chapitre, après avoir, toutefois, donné un certain nombre de définitions et d'explications préliminaires.

Quelques définitions.

29. *Verticale.* — La *verticale* d'un lieu est la direction que suit, en tombant vers la Terre, un corps abandonné librement à lui-même. Elle est indiquée par la direction d'un fil dont l'une des extrémités est fixe, tandis que l'autre supporte un petit poids. Cet appareil est appelé *fil à plomb.* La verticale d'un lieu est constamment normale à la surface des eaux tranquilles.

30. *Zénith, nadir.* — Le point où la verticale, prolongée de bas en haut, rencontre la voûte céleste, est le *zénith* du lieu de l'observation : c'est le point placé directement au-dessus de la tête du spectateur. Si l'on conçoit la verticale prolongée au-dessous de la Terre, elle rencontre de nouveau la sphère céleste en un second point, appelé *nadir.*

31. *Horizon.* — C'est le plan passant par le lieu de l'observation, perpendiculairement à la verticale.

* « Aldebaran du Taureau, Antarès du Scorpion, Régulus du Lion et Fomalhaut du Poisson austral partagent le ciel en quatre parties presque égales. Ces quatre étoiles, très-brillantes et très-remarquables, appelées aussi *Étoiles royales,* étaient sans doute les quatre gardiens du ciel des Perses, 3000 ans avant J. C. » (ARAGO, *Astronomie populaire.*)

32. *Méridien.* — Le *plan méridien* d'un lieu est celui qui passe par l'axe du monde et par la verticale du lieu. L'observation démontre que *les points les plus élevés et les points les plus bas des circonférences décrites par toutes les étoiles sont situés dans ce plan.*

33. *Méridienne.* — On appelle *ligne méridienne,* ou simplement *méridienne,* l'intersection du plan méridien avec l'horizon.

34. *Points cardinaux.* — Si, dans le plan horizontal passant par un lieu A, on imagine la méridienne NS et sa perpendiculaire OE, ces deux droites iront rencontrer la sphère céleste aux quatre points *cardinaux* N, S, O, E, désignés sous les noms de *nord, sud, ouest, est.* Pour l'observateur placé comme nous l'avons supposé en commençant, le nord est en face, l'ouest à gauche, etc.

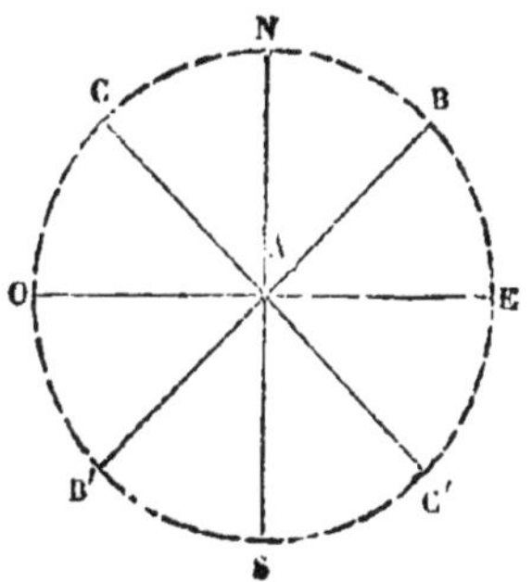

Ces quatre directions sont encore appelées : *septentrion, midi, occident* ou *couchant*, *orient* ou *levant.*

35. *Rose des vents.* — Les bissectrices BAB', CAC' des angles NAE, OAS, etc., déterminent de nouvelles directions auxquelles on donne les noms de *nord-est, sud-est, nord-ouest, sud-ouest.* Enfin, si l'on divise encore en quatre parties égales chacun des angles NAB, BAE, etc., on obtient, en tout, trente-deux directions, qui forment ce que les marins appellent *rose des vents.*

36. *Plans azimutaux.* — Que, par une étoile quelconque et par la verticale, on imagine un plan : il sera, au moment de l'observation, le *plan azimutal* de l'étoile ; et son inclinaison sur le plan méridien, son écartement par rapport à celui-ci, sera l'*azimut* de l'étoile.

37. *Hauteurs.* — La *hauteur angulaire* d'une étoile est l'angle formé, avec l'horizon, par le rayon visuel dirigé vers cette étoile. On verra bientôt que l'*azimut* et la *hauteur* déterminent la *position apparente* de l'astre, c'est-à-dire la direction dans laquelle on le voit.

Détermination du méridien.

38. Supposons l'observateur placé au sommet d'une tour limitée par une plate-forme, sur laquelle on ait pu tracer une circonférence ABC. Il suffit, pour réaliser cette dernière hypothèse, d'élever, suivant l'axe de la tour, une tige verticale dont la pointe O soit située dans le plan de la plate-forme, et d'attacher, en ce centre, l'extrémité d'un cordeau, etc. Si l'observateur a l'œil placé en O, il pourra marquer un trait *e* sur la circonférence, à l'instant où une étoile lui apparaîtra dans la direction O*e*E : ce moment est celui du lever de l'astre. De même, quand l'étoile se couche suivant OE′, on marque le point *e′* où cette direction rencontre la circonférence. Par un simple tâtonnement, ou par la construction géométrique connue, on pourra déterminer le milieu *m* de l'arc *ee′*. Or, l'observation démontre que le point *m* est invariable, quelle que soit l'étoile considérée. De plus, si avec une lunette dont l'*axe* passerait constamment par le point O, on suit le cours d'une étoile, on reconnaît que l'inclinaison de cet axe sur l'horizon atteint son *maximum*, quand l'étoile est dans le plan vertical dont la trace serait O*m*. Autrement dit, le plan O*m* est celui qui contient le point culminant de l'étoile. Enfin, d'autres observations, dont nous parlerons bientôt, prouvent que l'*axe du monde* est situé dans ce même plan vertical O*m*. D'après la définition donnée ci-dessus (32), le plan O*m* est le *méridien du lieu**.

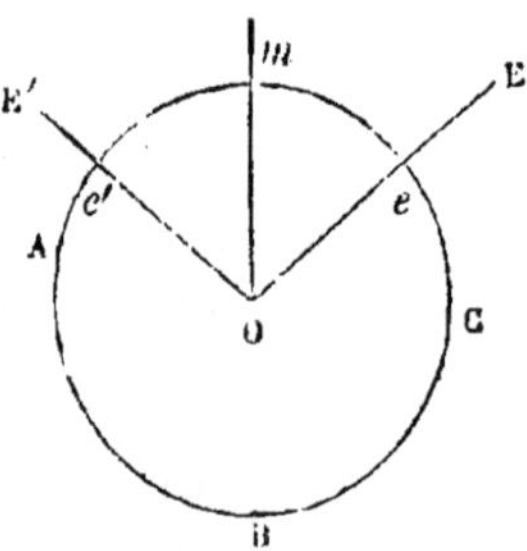

39. La méthode précédente ne s'applique, évidemment, qu'aux étoiles qui ont un lever et un coucher. De plus, elle donne des résultats peu exacts, à cause des *réfractions*, très-grandes pour toutes les étoiles placées à l'horizon**. Il vaut mieux, pour déterminer la position du méridien, recourir à la méthode des *hauteurs correspondantes*, c'est-à-dire observer une étoile avant et après son *passage* au méridien, à

* On lui a donné ce nom, parce que le Soleil y passe au *milieu du jour*.

** Voyez la *Physique*.

deux instants pour lesquels ses hauteurs soient égales. Si l'on détermine, dans chacune de ces deux positions, la *trace horizontale* du plan azimutal de l'étoile, la *bissectrice* de l'angle ainsi formé sera la méridienne cherchée.

Détermination des hauteurs et des azimuts.

40. Pour mesurer, en même temps, la hauteur et l'azimut d'une étoile, on peut employer le *théodolite*. Cet instrument se compose, essentiellement, d'une lunette LL' qui se meut sur un limbe vertical AA'BB', tandis que celui-ci tourne autour d'une verticale CB passant par le centre O de la lunette et par le centre C d'un limbe horizontal fixe DD'EE'. La lunette étant dirigée vers une étoile *e*, l'angle L'OA', formé par l'axe LL' et par l'horizontale AA', est la hauteur de l'astre; et l'angle D'CE' que fait la trace DD' avec la méridienne EE', en est l'azimut.

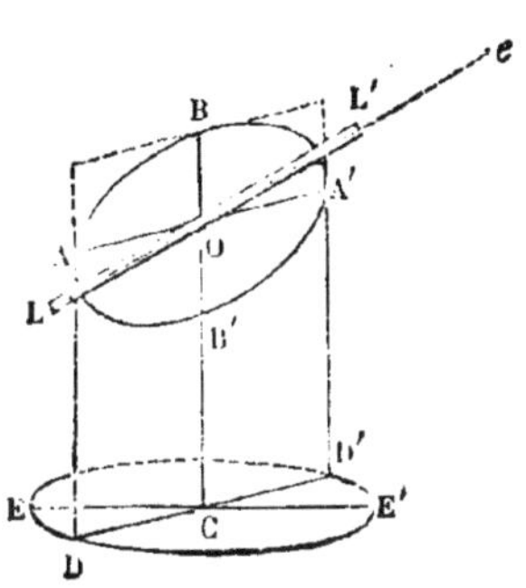

Si la méridienne EE' est inconnue, le théodolite peut servir à la déterminer, comme nous venons de l'indiquer.

Lois du mouvement diurne.

41. Par ce qui précède, nous avons acquis une idée générale du mouvement diurne du ciel ; nous avons déterminé la situation du méridien, etc. Il s'agit actuellement d'étudier, d'une manière plus précise, les lois du mouvement apparent des étoiles.

Pour cela, soit une sphère O, de bois ou de carton, sur laquelle nous tracerons un grand cercle HH', qui nous représentera l'*intersection de la sphère céleste avec l'horizon*. Soient Z, N les pôles de HH' : ces deux points figurent le *zénith* et le *nadir*. Enfin, supposons que le grand cercle vertical ZHNH' représente le méridien du lieu de l'observation.

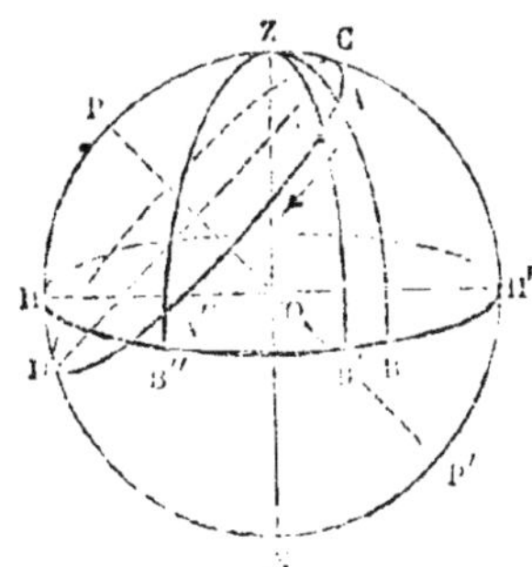

Si, comme il vient d'être expliqué, on observe une étoile en différents points de son parcours, au moyen du théodolite, on pourra prendre, sur le cercle d'horizon HH', les arcs HB, HB', HB'',... égaux aux azimuts obtenus. Traçant ensuite les arcs de grands cercles ZB, ZB', ZB'',... et prenant, sur chacun d'eux, les distances BA, B'A', B''A'',... égales aux hauteurs mesurées, on obtiendra les points A, A', A'',... qui seront, relativement à un observateur placé au centre O, les *perspectives* des positions successivement occupées par l'étoile. Enfin, si l'on joint tous ces points par un trait continu, on trouve la courbe CAA'A''D, route apparente de l'étoile. Or, d'après les opérations les plus exactes : 1° *la courbe* CD *est une circonférence, située dans un plan perpendiculaire au plan méridien;* 2° *tous les cercles tels que* CD *ont leurs plans parallèles entre eux;* 3° *les pôles* P, P' *de ces cercles sont situés aux extrémités d'un même diamètre du méridien* HZH'N *.

12. Il est démontré, par la *construction graphique* précédente, que *le ciel paraît tourner, tout d'une pièce, autour d'un axe* (3). Pour découvrir comment a lieu cette rotation, imaginons qu'une lunette LL' soit disposée de manière à faire un angle constant POL' avec un axe PP', parallèle à l'axe du monde. Supposons, en outre, qu'au moyen d'un mouvement d'horlogerie, on fasse tourner sur lui-même l'axe PP', avec une vitesse constante telle, qu'il effectue une rotation complète dans le temps compris entre deux *culminations* successives d'une même étoile. L'appareil ainsi construit porte le nom d'*équatorial :* c'est un théodolite dont l'axe, au lieu d'être vertical, est parallèle à l'axe du monde.

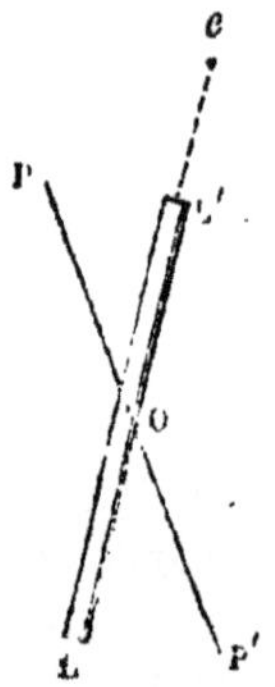

Cela posé, si l'on dirige la lunette, à un instant quelconque, vers une étoile *e*, et qu'ensuite on abandonne l'appareil à lui-même, *l'étoile reste constamment dans l'axe optique* ** de la lunette : il semble que *l'astre accompagne l'équatorial.* Il résulte, de cette expérience, que *le mouvement diurne du ciel est uniforme.*

* Cette troisième loi est une conséquence des deux autres.
** Voir plus loin.

43. *Parallèles. Équateur.* — Les *parallèles* sont les circonférences que les étoiles semblent décrire autour de l'axe du monde : telle est CAA'A'D. Le plus grand des parallèles est l'*équateur céleste*. On lui donne ce nom, parce que son plan divise en deux parties égales la sphère céleste.

44. *Jour sidéral.* — On donne le nom de *jour sidéral* à la durée de la rotation diurne du ciel, c'est-à-dire à l'*intervalle de temps compris entre deux passages supérieurs consécutifs d'une étoile au même méridien.* Depuis les plus anciennes observations, cette durée n'a pas changé. L'horloge dont nous avons parlé tout à l'heure est une *horloge sidérale :* son pendule bat 86 400 oscillations en un jour *sidéral.*

45. *Plans horaires, cercles horaires.* — On nomme ainsi une suite de plans qui, passant tous par l'axe du monde, participent au mouvement général de la sphère céleste.

L'angle formé par deux plans horaires est ce que l'on appelle l'*angle horaire* de l'un d'eux, par rapport à l'autre : les angles horaires se comptent dans un sens contraire à celui du mouvement diurne.

Chaque étoile a son cercle horaire, qui tourne avec elle et prend, par rapport au méridien, toutes les inclinaisons, de 0° à 360°.

D'après cela, si l'on imagine vingt-quatre demi-cercles horaires, équidistants, et dont le premier passe par un point déterminé du ciel, le *deuxième plan horaire,* c'est-à-dire celui dont l'*angle horaire* est de 15°, passera au méridien *une heure* après le premier plan horaire. De même, le *troisième plan horaire* passe au méridien une heure après le deuxième ; et ainsi de suite.

On voit que les vingt-quatre demi-cercles horaires peuvent être comparés aux divisions d'un cadran mobile, dont le méridien serait l'aiguille.

Ascensions droites et déclinaisons.

46. Par le centre O de la sphère céleste, imaginons un grand cercle EE′ perpendiculaire à l'axe des pôles P, P′ : ce sera l'*équateur céleste* (43). Puisque les étoiles paraissent décrire des petits cercles parallèles à l'équateur, nous pourrons nous servir de celui-ci pour figurer, sur un globe céleste, la position d'une étoile A, plus commodément que nous ne l'avons fait ci-dessus (41).

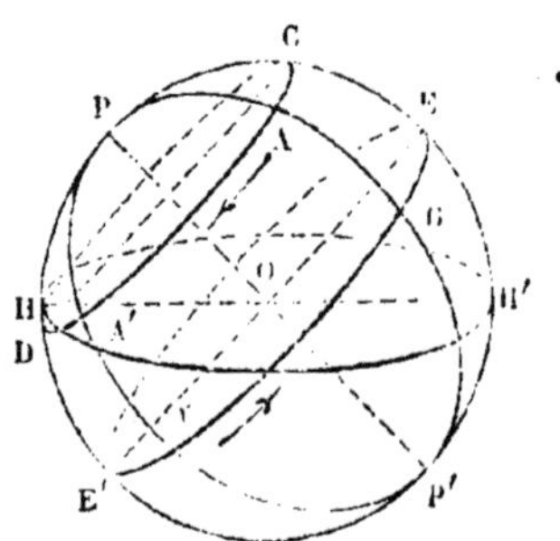

47. *Déclinaisons.* — En effet, par le point A et par l'axe du monde, faisons passer la demi-circonférence PAGP′ : l'arc AG, compris entre le lieu de l'astre et l'équateur EE′, ne change pas de grandeur quand l'étoile décrit le petit cercle AA′D. Cet arc, qui détermine ainsi le cercle dans lequel se meut l'étoile, porte le nom de *déclinaison*. On convient de l'affecter du signe + ou du signe —, selon que l'astre est dans l'hémisphère boréal ou dans l'hémisphère austral.

48. *Ascensions droites.* — Il ne suffit pas, pour fixer la position d'une étoile dans le ciel, ou sur un globe céleste, de donner la déclinaison de l'étoile ; car cet élément est le même pour tous les astres situés sur le même parallèle : il faut encore que l'on donne l'inclinaison du grand cercle PAGP′ sur un grand cercle P♈P′ supposé connu de position. Or, cette inclinaison a pour mesure l'arc ♈G intercepté, sur l'équateur, par les plans de ces deux cercles. Ce second élément de la position de l'étoile porte le nom d'*ascension droite*.

L'*origine* des ascensions droites est un certain point ♈, connu sous le nom d'*équinoxe du printemps* ou d'*équinoxe vernal* *. D'après les usages astronomiques, le jour sidéral commence au moment où le point équinoxial est dans le méridien. Si donc une étoile passe au méridien quand la pendule marque 1^h, 2^h,... c'est que le grand cercle PAGP′, qui la contient, fait, avec le grand cercle P♈P′, un angle de 15°, de 30°, etc. Il est donc naturel de dire que l'ascension droite de cette même

* On verra plus tard la raison de cette dénomination.

étoile est égale à 15°, à 30°, etc. En d'autres termes : *les ascensions droites se comptent de 0 à 360°, en sens contraire du mouvement diurne apparent.*

49. D'après la dernière remarque, on peut indifféremment évaluer les ascensions droites en degrés ou en temps, à raison de 1 heure pour 15°. Par exemple, si une étoile a passé au méridien 3 heures 17 minutes 12 secondes après l'origine, on dira que l'ascension droite de cet astre est égale à $3^h\,17^m\,12^s$, ou qu'elle est

$$45^\circ + 15'.\,17 + 15'.\,12 = 45^\circ + 4^\circ + 15' + 3' = 49^\circ\,18' ;$$

c'est ce qu'on exprime par la formule

$$\text{Æ}^* = 3^h\,17^m\,12^s = 49^\circ\,13'^{**}.$$

Détermination des coordonnées célestes.

50. *Cercle mural.* — Soit, comme précédemment, CAA'D le parallèle décrit par une étoile. La *déclinaison* CE est, évidemment, le *complément de la distance polaire* CP. Si donc la direction de l'axe du monde, ou, ce qui est la même chose, si la *hauteur* POH *du pôle* est bien connue, on pourra mesurer directement la distance polaire ou la déclinaison de l'étoile. Il suffit, pour cela, d'employer un cercle divisé, assujetti solidement dans le plan méridien, et portant une lunette : cet appareil, ordinairement scellé dans un mur, est appelé, pour cette raison, *cercle mural*. Au moyen de la lunette, on observe le *passage supérieur* de l'étoile, et on lit, sur le limbe gradué, la distance polaire.

Relativement aux ascensions droites, nous avons déjà dit que si une pendule, parfaitement réglée sur le jour sidéral, marque $0^h\,0^m\,0^s$, quand le point équinoxial passe au méridien, le temps qu'elle marque, lors du passage d'une étoile quelconque, est l'ascension droite de cette étoile. Toute la difficulté se réduit donc à connaître l'instant précis où ce dernier phénomène a lieu. C'est à cette détermination que sont destinées

* Æ est l'abréviation de *ascensio recta.*

** Pour faire avec rapidité la *réduction des arcs en temps*, et réciproquement, on écrit

$$15^\circ = 1^h ; \text{ donc } 1^\circ = 4^m \textit{ de temps}, \text{ et } 1' \textit{ de degré} = 4^s \textit{ de temps}.$$

la *pendule sidérale*, dont nous venons de parler, et la *lunette méridienne*, appelée aussi *instrument des passages*.

51. *Lunette méridienne.* — Elle est munie de deux bras C, D, reposant, par des *tourillons*, sur des *coussinets* B, F, lesquels sont encastrés dans deux massifs M, M′ en pierre de taille ; de sorte que l'aspect général de l'appareil est à peu près celui d'un canon monté sur son affût.

Cet instrument est muni d'un *réticule* placé dans le *plan focal* de l'*objectif*, et formé de 3, 5 ou 7 fils verticaux très-fins, traversés par un fil horizontal *. Quand l'image d'une étoile se confond avec l'intersection de celui-ci et du fil vertical central, ou, comme on le dit, avec la *croisée des fils*, c'est que le rayon lumineux passant par le centre de l'objectif est dirigé suivant la droite menée de ce centre à la croisée : cette droite, appelée *axe optique* de la lunette, doit toujours différer très-peu de l'axe de figure.

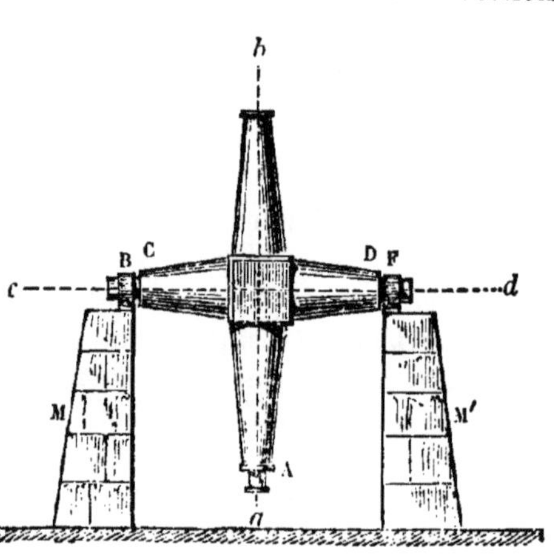

La lunette doit satisfaire aux trois conditions suivantes : 1° *l'axe optique doit être perpendiculaire à l'axe de rotation ;* 2° *ce dernier axe doit être horizontal ;* 3° *le plan dans lequel se meut l'axe optique doit coïncider avec le méridien.*

1° On vérifie la première condition, en visant une *mire* placée à une grande distance **, dans la direction de l'axe optique, et en visant de nouveau après avoir *renversé* la lunette, de manière que le bras de *droite* repose sur le coussinet de *gauche*, et réciproquement. Si, dans les deux observations, l'image de la mire vient se placer à la croisée des fils, on en

* Au moyen d'un procédé dû à Wollaston, on est parvenu à remplacer les fils d'araignée, qu'on employait autrefois, par des fils de platine ayant pour épaisseur seulement $\frac{1}{1200}$ *de millimètre.*

** La mire de l'Observatoire de Paris est située près de l'enceinte continue et du chemin de fer d'Orsay.

conclut que l'axe optique est perpendiculaire à l'axe de rotation. Dans le cas contraire, on imprime au réticule, au moyen d'une *vis de rappel,* un petit déplacement perpendiculaire à l'axe de la lunette, et l'on recommence l'épreuve.

2° Pour rendre l'axe de rotation horizontal, on emploie un grand niveau à bulle d'air, et, l'un des deux coussinets restant fixe, on élève ou on abaisse l'autre, par le moyen d'une vis disposée à cet effet.

3° Quand l'instrument satisfait aux deux premières conditions, il est clair que, s'il vient à se mouvoir autour de l'axe de rotation, l'*axe optique décrira un plan vertical.* Nous avons indiqué, précédemment, différents procédés qui donnent, à peu près, la direction du méridien; par conséquent, nous pouvons admettre que ce dernier plan diffère très-peu de celui dans lequel se meut l'axe optique. Pour obtenir, avec le dernier degré de précision, la direction cherchée, observons une étoile circompolaire, à son passage supérieur, à son passage inférieur, et encore au passage supérieur suivant. Si le temps qui s'est écoulé entre les deux premières époques est rigoureusement égal à celui qui sépare les deux dernières, le plan vertical décrit par l'axe optique partage, en deux parties égales, le parallèle décrit par l'étoile; donc ce plan passe par l'axe du monde, c'est-à-dire qu'il coïncide avec le méridien. Si la pendule sidérale indique une petite différence entre les deux laps de temps, on fait avancer ou reculer l'un des tourillons de la lunette, sans déplacer l'autre.

52. La lunette méridienne et la pendule sidérale sont, avec le cercle mural, les trois instruments sur lesquels repose l'Astronomie moderne; ils tiennent lieu, jusqu'à un certain point, de l'équatorial et d'une foule d'autres anciens appareils, et nul observatoire ne pourrait s'en passer. Par leur moyen, on peut former des *catalogues d'étoiles* et établir des *cartes du ciel* * aussi exactes, pour le moins, que les cartes terrestres. C'est à cause de leur importance que nous avons donné, sur ces instruments, quelques détails qui dépassent les limites du Programme.

53. *Remarque.* — Comme l'axe optique passe par le point de croisement du fil vertical moyen et du fil horizontal, on

* Le catalogue de Lalande contient 47 390 étoiles; l'atlas de Harding, plus de 50 000. Enfin l'atlas de M. Dien, publié il y a quelques années, donne les positions de plus de *cent mille* étoiles.

adopte, pour *instant du passage au méridien*, celui où l'image de l'étoile est occultée par le fil moyen. Pour plus d'exactitude, on note l'heure, la minute et la seconde du passage derrière chacun des fils verticaux, et l'on prend la moyenne.

Hauteur du pôle à Paris.

54. Nous venons de voir comment on détermine rigoureusement le méridien du lieu de l'observation. Quant à la hauteur POH du pôle, elle est, d'après la figure ci-jointe, évidemment égale à la demi-somme des hauteurs COH, DOH d'une même étoile, observée à son passage supérieur et à son passage inférieur. Il est donc facile d'obtenir, avec une grande précision, cette *hauteur moyenne*, que toutes les étoiles circompolaires serviront à vérifier.

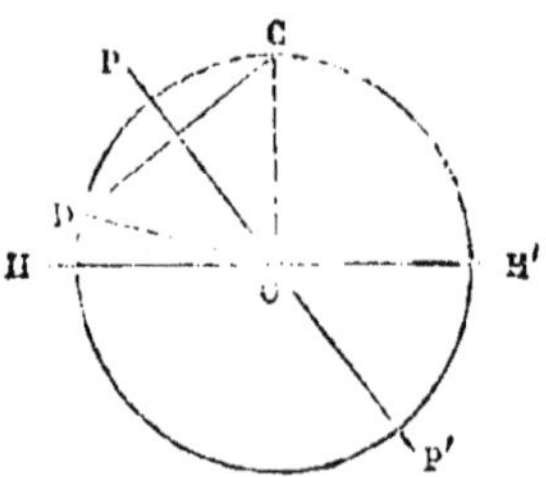

A l'Observatoire de Paris, la hauteur du pôle est, à fort peu près, de 48° 50′ 11″,5 *.

55. *Remarque.* — La *demi-différence* des *hauteurs méridiennes* COH, DOH d'une même étoile est égale à la distance polaire COP, c'est-à-dire *égale au complément de la latitude de l'étoile.*

Résumé.

Après le *coucher du soleil*, le *ciel* est illuminé d'*étoiles*, astres doués de mouvements analogues à ceux du soleil.

Parmi les étoiles, il en est qui semblent se rapprocher de l'*étoile polaire*, et qui, par conséquent, n'ont ni *lever*, ni *coucher*.

L'*axe du monde* est la droite passant par le lieu de l'observation et par un point fixe, voisin de l'étoile polaire, et autour de laquelle parait tourner le ciel.

La *distance angulaire* de deux étoiles est l'angle invariable formé par les rayons visuels dirigés vers ces deux étoiles.

La *sphère* ou *voûte céleste* tourne, d'orient en occident, autour de l'*axe du monde*.

Les *pôles* sont les points où cet axe rencontre la sphère céleste.

* *M. Laugier* a trouvé, pour cette hauteur, 48° 50′ 11″,19;
et *M. Mauvais*, 48° 50′ 11″,85.

(*Comptes rendus hebdomadaires de l'Académie des sciences*, tome XXXVI, pages 55 et 100.)

Les *étoiles circompolaires* sont celles qui restent toujours sur l'horizon de l'observateur.

Les étoiles sont de diverses *grandeurs*.

On appelle *constellation* un groupe d'étoiles. — Constellations visibles à Paris.

Les *planisphères* et les *globes célestes* sont destinés à représenter les positions des étoiles principales.

La *verticale* d'un lieu est la direction déterminée par le *fil à plomb*.

Le *zénith* est le point de la voûte céleste placé directement au-dessus de la tête du spectateur. Le *nadir* lui est diamétralement opposé.

L'*horizon* est le plan passant par le lieu de l'observateur, perpendiculairement à la verticale. La *méridienne* est l'intersection du plan méridien avec l'horizon.

Les quatre points où la méridienne et sa perpendiculaire rencontrent la sphère céleste se nomment *points cardinaux*.

Le *plan azimutal* d'une étoile est le plan passant par cette étoile et par la verticale. L'*azimut* de l'étoile est l'inclinaison du plan azimutal par rapport au plan méridien.

La *hauteur angulaire* d'une étoile est l'angle formé avec l'horizon par le rayon visuel dirigé vers cette étoile.

On détermine la *position apparente* d'un astre au moyen de son azimut et de sa hauteur.

Pour déterminer la direction du méridien, on observe une étoile à son lever et à son coucher, et l'on construit la bissectrice de l'angle formé par les traces horizontales des plans azimutaux répondant à ces deux positions. On emploie aussi la *méthode des hauteurs correspondantes*.

Pour mesurer la hauteur et l'azimut d'une étoile, on emploie le *théodolite*.

Le ciel paraît tourner, tout d'une pièce, autour d'un axe. Au moyen de l'*équatorial*, on reconnaît que le mouvement diurne du ciel es uniforme.

Les *parallèles* sont les circonférences que les étoiles semblent décrire autour de l'axe du monde. Le plus grand des parallèles est l'*équateur céleste*.

On appelle *jour sidéral* l'intervalle de temps compris entre deux passages consécutifs d'une étoile au même méridien.

Les *plans horaires* sont une suite de plans qui, passant tous par l'axe du monde, participent au mouvement général de la sphère céleste.

Chaque étoile a son cercle ou plan horaire tournant avec elle.

On donne le nom de *déclinaison* à l'arc de cercle compris entre le lieu de l'astre et l'équateur; cet arc détermine le cercle dans lequel se meut l'étoile.

Pour fixer la position d'une étoile, il faut connaître sa déclinaison et son ascension droite.

Pour mesurer la distance polaire ou la déclinaison d'une étoile, on fait usage de l'instrument nommé *cercle mural*.

La *pendule sidérale* et la *lunette méridienne* servent à en déterminer l'ascension droite.

La *hauteur du pôle*, en un lieu, est égale à la demi-somme des hauteurs d'une même étoile, observée à son passage supérieur et à son passage inférieur.

A l'Observatoire de Paris, la hauteur du pôle est, à fort peu près, de 48° 50′ 11″,5.

CHAPITRE II.

De la Terre (56-62). — Longitudes et latitudes géographiques (64-69). Valeurs numériques des degrés mesurés en France, en Laponie, au Pérou, et rapportés à l'ancienne toise. Leur allongement à mesure qu'on s'approche des pôles : on en conclut que la terre est aplatie aux pôles (75).

Phénomènes qui indiquent la forme de la Terre.

56. *Variations dans l'aspect du ciel.* — Quand un observateur ne sort pas d'un lieu déterminé, il lui semble que la Terre est à peu près plane ou *plate;* qu'elle est terminée par une circonférence appelée horizon ; que le ciel, qui s'appuie sur la Terre, a la forme d'une voûte surbaissée, etc. Mais, s'il voyage, il reconnaît bientôt que toutes ces apparences sont contraires à la réalité.

En effet, quand on s'avance vers le nord, le pôle s'élève au-dessus de l'horizon; certaines étoiles, qui avaient un lever et un coucher, deviennent circompolaires, de façon que le cercle de perpétuelle apparition s'éloigne du pôle. Ce dernier phénomène est évidemment inexplicable dans l'hypothèse d'une Terre *plate*.

Si, au lieu de s'avancer vers le nord, on marche dans la direction opposée, des phénomènes contraires se présentent : le pôle s'abaisse ; le cercle de perpétuelle apparition diminue de plus en plus, etc. *Sous la ligne,* comme disent les marins, on voit le pôle à l'horizon; et, en même temps, on aperçoit le pôle austral, toujours invisible dans nos contrées. *La Terre est donc arrondie dans la direction du méridien.*

57. *Départs et retours des bâtiments.* — Il n'est pas besoin, du reste, de recourir à des observations astronomiques pour

s'assurer que la Terre est arrondie, non-seulement du nord au sud, mais encore dans tous les sens. En effet, si un bâtiment s'éloigne de la côte, on aperçoit encore le sommet du mât après que le corps du navire a cessé d'être visible, même avec le secours des meilleures lunettes. Réciproquement, l'équipage d'un vaisseau qui s'approche de terre découvre d'abord les cimes des édifices, puis leurs parties inférieures, puis enfin le rivage. Ces deux phénomènes, qui se reproduisent à chaque instant, prouvent évidemment la convexité de la surface des mers; car si cette surface était plane, on verrait le corps du vaisseau avant le mât, et la masse des édifices avant les flèches, les belvédères, etc., qui les surmontent. D'ailleurs, la forme des continents est, à fort peu près, moulée sur celle des mers. Ce fait, devenu incontestable depuis qu'on a mesuré la Terre dans toutes les directions, comme nous le dirons bientôt, résulte aussi de la faible vitesse des eaux qui coulent à sa surface. *La Terre est donc arrondie dans tous les sens.*

58. *Voyages de circomnavigation.* — Les preuves que nous venons de rapporter sont connues, sinon de toute antiquité, du moins depuis que l'on a navigué loin des côtes. Il restait, pour démontrer d'une manière absolue la rondeur de la Terre, à effectuer un *voyage autour du monde.* C'est ce que le célèbre *Magellan* * entreprit le premier. Parti du petit port de *San-Lucar de Barameda,* situé à l'embouchure du Guadalquivir, le 21 septembre 1519, il se dirigea vers le sud-ouest, et aborda, successivement, à Ténériffe, à Rio-de-Janeiro et au port de Saint-Julien, dans la Patagonie. Le 21 octobre 1520, il découvrit, à la pointe de l'Amérique méridionale, le détroit qui porte son nom; puis, remontant vers le nord-ouest, il traversa le grand Océan, et arriva aux îles Philippines, puis aux îles Mariannes, d'où il revint aux îles Philippines. C'est à Zébu, l'une de ces dernières, qu'il périt dans un combat, le 26 avril 1521. Un seul vaisseau et dix-huit hommes d'équipage, commandés par Sébastien del Cano, continuèrent leur route vers l'ouest, et rentrèrent à San-Lucar le 6 septembre 1522, comme s'ils fussent venus de l'orient.

* En portugais, *Magalhaens.*

59. *Contour apparent de la Terre.* — Pour un observateur B placé, par un temps calme, sur le pont d'un vaisseau, la mer paraît séparée du ciel par une circonférence CED. Cette ligne, qui limite la partie visible de la mer, est appelée *horizon apparent du point* B, par opposition à *l'horizon réel* HH', perpendiculaire, en A, à la *verticale* AB*. Tous les *rayons visuels* BC, BE, BD,... sont également inclinés sur cette verticale; de telle sorte *qu'ils appartiennent à un cône* CEDB, *de révolution* autour de AB. D'après cette forme du *contour apparent* de la surface des mers, on conçoit (et l'on peut démontrer rigoureusement) que la *Terre est, à fort peu près, sphérique*. Par suite, *les verticales* AB, A'B', A"B",...., *menées en différents points* A, A', A",...., *passent toutes par le centre* O.

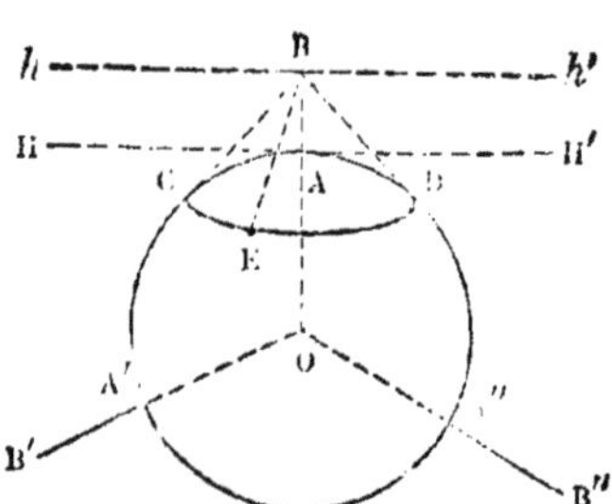

60. *Dépression de l'horizon.* — Par le lieu B de l'observation, menons une horizontale *hh'* : l'angle CB*h*, formé par cette droite et par le rayon visuel BC, situé avec elle dans un même plan vertical, est appelé *dépression de l'horizon*. D'après ce que nous venons de dire, *dans un même lieu, la dépression est constante tout autour de la verticale*. Il est facile de voir, en outre, qu'elle grandit avec la hauteur AB, et qu'elle peut servir à évaluer le rayon AO de la Terre**.

Immense éloignement des étoiles. Isolement de la Terre.

61. Nous avons indiqué, tout à l'heure, les différents aspects sous lesquels on voit le ciel, quand on voyage le long d'un méridien. Ce qu'il faut bien remarquer, c'est que toujours l'axe idéal autour duquel le ciel paraît tourner, passe par le lieu de l'observation. En outre, les situations relatives des étoiles situées sur un même horizon, ou, ce qui est équivalent, leurs distances angulaires, sont complétement indépendantes de la

* Indépendamment de ces deux horizons, on admet quelquefois un *horizon rationnel :* c'est le plan qui serait mené par le centre de la Terre, parallèlement à l'horizon réel du lieu considéré.

** D'après une expérience rapportée par *M. Faye*, les élèves de l'École navale ont trouvé, par ce moyen, AO $= 7\,400\,000^{m}$ environ. Ce nombre est trop fort de $\frac{1}{7}$.

position occupée par l'observateur. Il résulte, de ces deux faits, que les *dimensions de la Terre sont tout à fait négligeables par rapport à sa distance aux étoiles*.

D'un autre côté, quelle que soit la contrée où l'on se transporte, il semble toujours que l'on occupe le centre d'une immense sphère creuse, à la surface de laquelle les étoiles seraient attachées. Entre la surface du globe et la surface de cette sphère idéale, il n'existe probablement pas de matière pondérable, si ce n'est la petite couche gazeuse à laquelle on a donné le nom d'*atmosphère*. Conséquemment, la *Terre est isolée dans l'espace*.

Axe de la Terre. Pôles terrestres.

62. Nous démontrerons bientôt que le mouvement diurne du ciel, d'orient en occident, n'est, comme nous l'avons déjà dit (5), qu'une apparence, due à la *rotation de la Terre autour de son axe,* rotation qui a lieu d'*occident en orient*. Les points où l'axe rencontre la surface de la Terre sont les *pôles* de celle-ci. Ils portent, comme les points qui leur correspondent dans le ciel, les noms de *pôle arctique* ou *pôle boréal,* et de *pôle antarctique* ou *pôle austral*.

Méridiens. Parallèles. Équateur.

63. On a vu (46) que la position d'une étoile est commodément déterminée au moyen d'un grand cercle passant par l'axe du monde, et d'un petit cercle perpendiculaire à cet axe. Semblablement, pour indiquer la situation d'un point de la surface du globe, on emploie le *méridien* et le *parallèle* passant par ce point. Tous les méridiens sont égaux entre eux; mais les parallèles vont en augmentant de grandeur depuis le pôle jusqu'au parallèle dont le plan passe par le centre de la Terre; ce dernier est l'*équateur**.

* Les dénominations de *méridien* et de *parallèle,* entendues comme elles le sont en géométrie, supposent que la forme de la Terre est rigoureusement celle d'un corps de révolution. Pour ne rien préjuger, et afin d'apporter plus de précision dans les termes, on pourrait employer les définitions suivantes :

Un méridien terrestre *est le lieu des verticales parallèles à un même* méridien céleste;

La courbe suivant laquelle la surface de la Terre est coupée par le méridien d'un lieu, est la méridienne *de ce lieu;*

Un parallèle *est le lieu des points pour lesquels les verticales sont également inclinées sur l'axe du monde;*

*L'*équateur terrestre *est le lieu des points pour lesquels les verticales sont parallèles à l'*équateur céleste.

Longitudes et latitudes géographiques.

64. *La longitude d'un lieu est l'arc de l'équateur compris entre un premier méridien et le méridien passant en ce lieu;* elle est *orientale* ou *occidentale. La latitude d'un lieu est l'arc de méridien compris entre ce lieu et l'équateur**; elle est *boréale* ou *australe*. Les longitudes se comptent de 0 à 180°, et les latitudes, de 0 à 90°. Les unes et les autres sont de véritables *coordonnées*, analogues aux coordonnées célestes : les longitudes répondent aux *ascensions droites*, et les latitudes aux *déclinaisons*.

65. *Premier méridien.* — Pendant longtemps, les géographes avaient adopté, pour premier méridien, celui de l'île de Fer, l'une des Canaries. Aujourd'hui, probablement par amour-propre national, les Français comptent les longitudes à partir du méridien passant par l'Observatoire de Paris, tandis que les Anglais regardent comme premier méridien celui de Greenwich, etc.**.

66. *La latitude est égale à la hauteur du pôle.* — La définition de la latitude, donnée tout à l'heure, suppose la Terre sphérique. Or, nous verrons bientôt que le *sphéroïde terrestre* est légèrement aplati vers les pôles. Il est donc essentiel de modifier cette définition, de manière à la rendre indépendante de la forme du méridien, et de pouvoir même la faire servir à étudier celle-ci.

Pour cela, soient APE'P'E la section méridienne passant par un lieu A, PP' l'axe terrestre, E'E l'équateur. Menons, aux points A, E, les *normales* à l'arc PAE, c'est-à-dire les *verticales* de ces deux lieux : l'angle ZCV, formé par ces deux

* Le monde connu des Romains était plus étendu dans le sens des parallèles que dans celui des méridiens : de là les dénominations de *longitudo* et de *latitudo*.

** « Il est à désirer, dit Laplace, que tous les peuples de l'Europe, au lieu de rapporter au méridien de leur premier observatoire les longitudes géographiques, s'accordent à les compter d'un même méridien donné par la nature elle-même, pour le retrouver sûrement dans tous les temps. Cet accord introduirait dans leur géographie la même uniformité que présentent déjà leur calendrier et leur arithmétique; uniformité qui, étendue aux nombreux objets de leurs relations mutuelles, formerait de ces peuples divers une immense famille. »

droites, est la latitude du point A; c'est-à-dire qu'*on appelle latitude d'un lieu l'angle formé par la verticale de ce lieu et par la verticale de l'équateur, située dans un même méridien avec la première.*

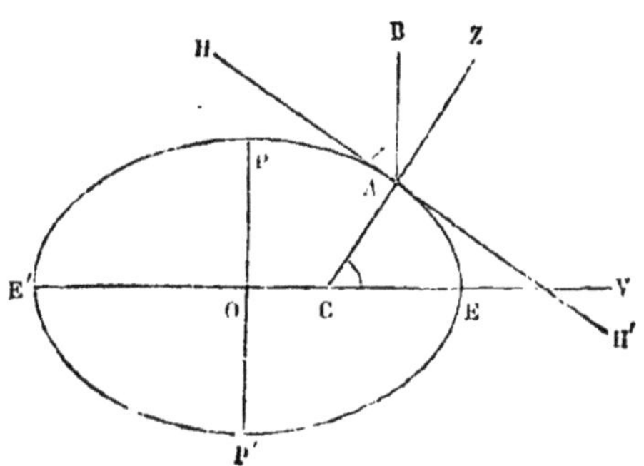

Cela posé, menons AB parallèle à PP', et HH' tangente en A à la section méridienne : la première droite est la direction suivant laquelle on aperçoit le pôle céleste, et la ligne HH' est la trace du plan d'horizon sur le plan du méridien ; donc l'angle BAH est la hauteur du pôle. D'ailleurs, il est égal à l'angle ZCV, dont les côtés sont perpendiculaires aux siens; donc la *latitude est égale à la hauteur du pôle.*

67. *Détermination de la latitude.* — Il résulte, de la proposition précédente, que, pour obtenir la latitude d'un lieu quelconque, il suffit de mesurer, en ce lieu, la hauteur du pôle. Cette dernière détermination ne pouvant être obtenue directement, attendu que *le pôle céleste est un point idéal,* on y supplée, comme nous l'avons vu (54), par des mesures de hauteurs méridiennes, faites à 12 heures de distance.

En mer, il n'est pas possible d'employer ce dernier moyen, parce que le bâtiment n'est pas fixe : on se contente de mesurer la hauteur méridienne d'un astre dont la déclinaison, au moment de l'observation, soit connue. Un calcul très-simple donne ensuite la latitude*.

68. *Détermination de la longitude.* — Si un lieu A est à 15° E d'un lieu B, et que la pendule sidérale du premier lieu ait marqué $0^h\ 0^m\ 0^s$ quand le point équinoxial passait au méridien de A, elle devra marquer $1^h\ 0^m\ 0^s$ lors du passage de cette même étoile au méridien de B (45). D'ailleurs, à ce dernier instant, la pendule sidérale placée en B doit indiquer $0^h\ 0^m\ 0^s$. Par conséquent, la *différence des longitudes de deux lieux est égale à la*

* Si l'on représente par h la hauteur observée, par d la déclinaison (donnée par la *Connaissance des Temps*) et par λ la latitude cherchée, on a $\lambda \pm (90^\circ - d) = h$, d'où $\lambda = h \mp (90^\circ - d)$.

*différence des heures que l'on y compte au même instant**. Pour évaluer cette différence, on transporte un *chronomètre* du premier lieu dans le second, ou bien l'on observe, à la fois dans les deux lieux, un *signal de feu*. On peut enfin recourir, avec avantage, à la télégraphie électrique**, parce que l'électricité parcourt environ 30 000 kilomètres par seconde.

Nous n'entrerons pas dans d'autres détails sur le problème des longitudes : nous avons seulement voulu faire comprendre en quoi il consiste.

69. *Remarque*. — Tous les lieux situés sur un même méridien ont, au même instant, la même heure***.

Différentes positions de la sphère céleste.

70. Au moyen de la proposition démontrée ci-dessus (66), nous pouvons compléter ce que nous avons déjà dit sur les apparences présentées par la sphère céleste.

En effet, si un observateur pouvait se transporter au pôle, comme il se trouverait à 90° de latitude, il aurait le pôle céleste à son zénith; par conséquent, toutes les étoiles situées dans l'hémisphère boréal paraîtraient tourner autour de lui, en décrivant des cercles parallèles à son horizon. Dans ce cas hypothétique, la sphère est dite *parallèle*.

A l'équateur, la latitude est nulle; donc, comme nous l'avons fait remarquer (56), les deux pôles sont à l'horizon; toutes les étoiles sont visibles pendant la moitié de leur parcours; les circonférences qu'elles paraissent décrire sont perpendiculaires à l'horizon, etc. La sphère est alors *droite*.

Enfin, entre les pôles et l'équateur, on a la sphère *oblique*.

Dimensions de la Terre.

71. *Mesure d'un arc du méridien*. — Après avoir reconnu que la Terre a, sensiblement, la forme d'une sphère et qu'elle

* Par exemple, les longitudes de Vienne et de Londres étant 14° 2′ 36″ E et 2° 26′ 11″ O, relativement à Paris, il s'ensuit que, dans l'instant où il est *midi* pour cette dernière ville, il est 12h 56m 10s à Vienne, et 11h 50m 15s à Londres. Si une *dépêche électrique* part de Paris *à midi*, elle arrive à Londres *avant midi*.

** Voyez le *Manuel de Physique*.

*** Cette propriété pourrait être prise comme définition. Voyez la note du n° 63.

est isolée dans l'espace, voyons comment on est parvenu à acquérir des notions exactes sur sa grandeur et sur les légères irrégularités que présente sa surface.

Si l'on adopte, pour *première approximation,* la figure sphérique, la détermination du rayon terrestre se réduit à la mesure de la distance comprise entre deux lieux A, B situés sur un même méridien PEP'E', et dont la différence des latitudes soit connue. En effet, cette différence est égale (66) à l'angle ZOZ' formé par les deux verticales OAZ, OBZ'; et, par les propriétés les plus simples du cercle, on a*

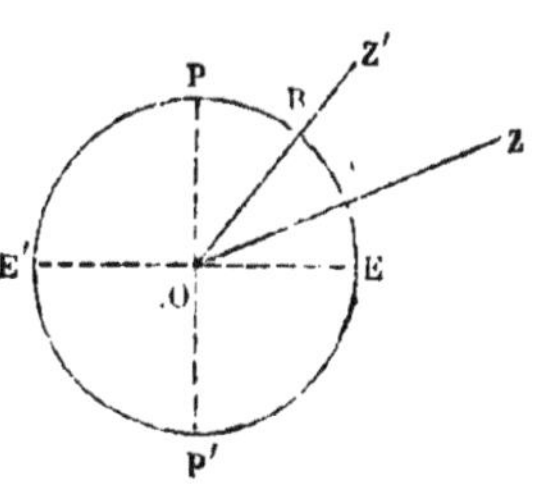

$$\frac{ZOZ'}{360^\circ} = \frac{AB}{2\pi R}.$$

72. L'une des plus anciennes mesures dont l'histoire fasse mention est attribuée à l'illustre *Ératosthène,* qui fut à la fois géomètre, astronome, géographe, philosophe, grammairien et poëte**. Sachant qu'à Syène, dans la haute Égypte, le Soleil s'élevait précisément au zénith le jour du *solstice* d'été, puisque les plus grands édifices ne projetaient aucune ombre à midi, il eut l'idée de mesurer, ce même jour, la distance zénithale du Soleil à Alexandrie***, qui se trouve sur le méridien de la première ville. Il obtint, pour cette mesure, $7^\circ \frac{1}{5}$. D'ailleurs, la distance entre Syène et Alexandrie est égale à 5 000 *stades*. Il résulta, de cette remarquable tentative d'Ératosthène, que la circonférence de la Terre fut fixée à 252 000 stades****.

72. Parmi les modernes, le premier qui ait essayé de mesurer un degré du méridien fut Fernel, médecin de Henri II. Partant de Paris, il se dirigea vers Amiens, en comptant exacte-

* Voyez la *Géométrie*.

** Il vivait dans le troisième siècle avant l'ère vulgaire.

*** Ou plutôt à Méroé, suivant l'opinion de M. Vincent.

**** Pour savoir si cette détermination diffère beaucoup des résultats obtenus récemment, il fallait connaître la valeur du stade employé par Ératosthène. D'après le savant que nous venons de citer, cette valeur est très-probablement, $158^m,25$; d'où il résulte 110 775 mètres pour la longueur du degré. Ce nombre serait aussi approché que celui qui a été conclu des mesures modernes les plus exactes. (*Comptes rendus de l'Académie des sciences,* tome XXXVI, page 317.)

ment le nombre des tours de roue de sa voiture. Il trouva ainsi pour la longueur du degré, 57 070 * toises. Ce résultat, obtenu par une méthode qui doit paraître grossière, diffère assez peu de celui que les procédés les plus rigoureux ont fourni depuis.

74. La première mesure méritant véritablement ce nom fut exécutée, en 1669, par l'astronome français Picard. Il établit un *réseau géodésique* entre Paris et Amiens, et, opérant avec beaucoup de talent et de soin, il trouva, pour la longueur du degré, 57 060 toises. Ce nombre, multiplié par 90, donne 5 136 300 toises pour la distance du pôle à l'équateur.

Après la mort de Picard, arrivée vers 1683, sa méridienne fut prolongée au nord et au sud, d'abord par Dominique Cassini, puis plus tard par Jacques Cassini et Philippe Maraldi.

75. *Véritable figure de la Terre.* — Des théories dont nous aurons occasion de parler plus tard avaient fait soupçonner à Newton que *la Terre a la forme d'un sphéroïde aplati vers les pôles*. Nous avons déjà fait remarquer que, s'il en est ainsi, la différence de latitude entre deux lieux situés sur un même méridien est mesurée, non par l'angle des rayons aboutissant en ces deux points, mais par l'angle des deux verticales. Conséquemment, *un degré du méridien est l'arc* AB *compris entre deux lieux dont les verticales* AZ, BZ' *font entre elles un angle d'un degré.* De plus, *si le rayon* OE *de l'équateur est plus grand que le rayon* OP *du pôle, l'arc d'un degré* AB *doit croître quand ses extrémités se rapprochent du pôle :* cette proposition, qui paraît assez évidente à l'inspection de la figure, peut être rigoureusement démontrée.

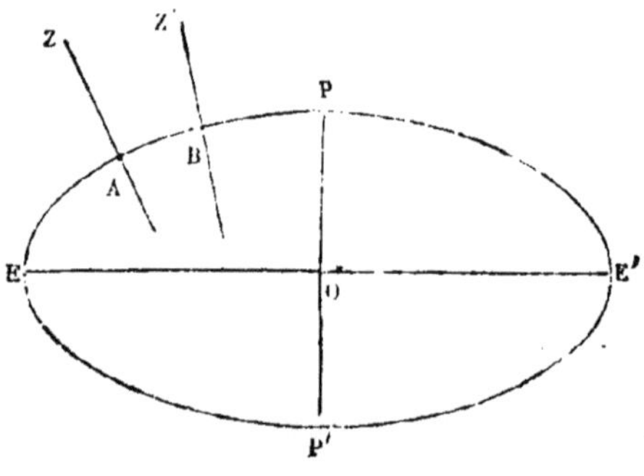

Il s'agissait donc, pour vérifier la conséquence à laquelle Newton était arrivé par la théorie, de mesurer un degré du

* Ce nombre est celui que rapportent la plupart des auteurs. Cependant, d'après Picard, la mesure trouvée par Fernel devrait être réduite à 56 746 toises. Voyez les *Mémoires de l'Académie des sciences, pour* 1680.

méridien près de l'équateur, d'en mesurer un autre près du pôle, et d'en comparer les longueurs avec celle du degré mesuré en France. C'est ce que l'on fit en 1734 : Bouguer, La Condamine et Godin se rendirent au Pérou, tandis que Maupertuis, Clairault, Lemonnier, Camus et Outhier allaient en Laponie. Voici les résultats de cette double expédition, qui fit le plus grand honneur aux savants français :

Longueur de l'arc de 1° :	au Pérou,	56 750 toises
	en Laponie,	57 422 toises
	Différence,	672 toises.

Ainsi, le degré du méridien est notablement plus grand au pôle qu'à l'équateur. D'ailleurs, Picard et Auzou avaient trouvé, pour la longueur du degré en France, 57 060 toises, valeur moyenne entre les deux autres ; l'hypothèse de Newton était donc pleinement justifiée. Les mesures exécutées depuis l'opération des académiciens, en France d'abord, puis en Angleterre, en Espagne, en Italie, en Allemagne et en Russie, n'ont fait que confirmer la réalité de cette hypothèse.

En résumé : *la figure de la Terre est, à fort peu près, celle d'un ellipsoïde de révolution autour de son petit axe.*

Rayon et aplatissement de la Terre. Longueur du mètre.

76. On a vu, dans l'*Arithmétique,* que Méchain et Delambre, pour se conformer aux ordres de l'Assemblée Constituante, mesurèrent de nouveau, avec tout le soin imaginable, l'arc du méridien de Paris, qui s'étend de Dunkerque à Barcelone. D'après cette mesure, la distance du pôle à l'équateur serait égale à 5 130 740 toises*. En même temps, l'*aplatissement* de l'ellipsoïde terrestre, c'est-à-dire le rapport entre la différence des axes et le grand axe, fut supposé égal à $\frac{1}{334}$. En appelant *mètre la dix-millionième partie de la distance du pôle à l'équateur, mesurée sur le méridien de Paris,* on trouvait alors, pour cette unité fondamentale du Système des poids et mesures,

$$1 \text{ mètre} = 0^{T},513\,074 = 3^{pi}\ 0^{po}\ 11^{l},295\,936.$$

* La toise *étalon* fut celle qui avait servi à la détermination du degré près de l'équateur : pour cette raison, elle est connue sous le nom de *toise du Pérou.*

Comme cette dernière fraction diffère très-peu de 0,296, le *mètre légal* fut fixé à 3pi 0po 11l,296*.

77. Depuis la fin du siècle dernier, les travaux de Méchain et Delambre ont été continués et vérifiés, d'abord par MM. Biot et Arago, qui prolongèrent la méridienne de Paris jusqu'à l'île de Formentera, ensuite par d'autres savants. En discutant toutes les observations, Bessel est arrivé aux résultats suivants :

Demi-axe équatorial $= a =$ 3 272 077 toises=6 377 398 mètr.**.
Demi-axe polaire $= b =$ 3 261 139 toises=6 356 080 mètres.

$$\text{Aplatissement} = \frac{a-b}{a} = \frac{1}{299},$$

avec une incertitude d'environ 5 unités au dénominateur.
Quart du méridien = 5 131 180 toises = 10 000 856 mètres, avec une incertitude de ± 256 toises.

* Au moment où l'on peut espérer que le système métrique, de *français* qu'il était, deviendra *universel*, il ne sera peut-être pas inutile de rappeler ces sages paroles de Laplace :

« On ne peut voir le nombre prodigieux de mesures en usage, non-seulement chez les différents peuples, mais dans la même nation ; leurs divisions bizarres et incommodes pour les calculs ; la difficulté de les connaître et de les comparer ; enfin l'embarras et les fraudes qui en résultent dans le commerce, sans regarder comme l'un des plus grands services que les gouvernements puissent rendre à la société, l'adoption d'un système de mesures dont les divisions uniformes se prêtent le plus facilement au calcul, et qui dérivent de la manière la moins arbitraire d'une mesure fondamentale indiquée par la nature elle-même. Un peuple qui se donnerait un semblable système, réunirait à l'avantage d'en recueillir les premiers fruits, celui de voir son exemple suivi par les autres peuples, dont il deviendrait ainsi le bienfaiteur ; car l'empire lent, mais irrésistible de la raison, l'emporte, à la longue, sur les jalousies nationales.... »

Laplace dit encore, à propos du système métrique : « Ce système, fondé sur la mesure des méridiens terrestres, convient également à tous les peuples. Il n'a de rapport avec la France que par l'arc du méridien qui la traverse. » ..... « Pour multiplier les avantages de ce système, et pour le rendre utile au monde entier, le gouvernement français a invité les puissances étrangères à prendre part à un objet d'un intérêt aussi général. Plusieurs ont envoyé à Paris des savants distingués qui, réunis aux commissaires de l'Institut national, ont déterminé, par la discussion des observations et des expériences, les unités fondamentales de poids et de longueur ; en sorte que *la fixation de ces unités doit être regardée comme un ouvrage commun aux savants qui y ont concouru, et aux peuples qu'ils ont représentés.* »

** Il s'agit ici du mètre légal.

Quart de l'équateur = 10 017 594 mètres.
Surface de la Terre = 5 099 508 myriamètres carrés.
Volume de la Terre = 1 082 841 000 myriamètres cubes *.

78. *Remarque.* — La distance du pôle à l'équateur étant, très-probablement, égale à 10 000 856 fois le mètre légal, il s'ensuit que

le mètre-*théorique* = le mètre-*légal* × 1,000 085 6.

La très-petite différence qui existe entre ces deux unités tient, d'une part, à ce que la Commission des poids et mesures avait adopté, pour l'aplatissement terrestre, une fraction un peu trop petite, et ensuite à une véritable erreur matérielle qui s'est glissée dans l'admirable travail de Delambre et Méchain. Quoi qu'il en soit, l'établissement du système métrique est l'un des plus beaux titres de gloire des gouvernements révolutionnaires qui l'ont ordonné et dirigé, et des savants qui l'ont exécuté, au milieu de fatigues et de dangers de toutes sortes.

Mouvement de rotation de la Terre.

79. Après avoir indiqué comment les astronomes sont parvenus à déterminer la forme et les dimensions de notre globe, revenons sur nos pas et examinons si, comme nous l'avions supposé d'abord, le ciel tourne autour d'un axe idéal, passant par les pôles, ou si ce mouvement diurne de la voûte céleste ne serait pas une illusion, causée par la rotation de la Terre.

Remarquons d'abord que le témoignage de nos sens ne peut pas nous servir à reconnaître, entre ces deux hypothèses, celle qui est conforme à la vérité. Car, que le ciel tourne d'*orient en occident*, la Terre étant supposée fixe, ou que celle-ci pivote sur elle-même, d'*occident en orient*, le ciel restant immobile, il arrivera toujours qu'un observateur, placé en un point M de la surface du globe, verra les étoiles e, e', e'', e'''... passer successivement à son méridien PA ; en d'autres termes, il lui semblera que le ciel se meut. Cette conséquence, assez évidente à l'inspection des deux figures ci-après **, résulte aussi d'une

* Le lecteur peut rapprocher ce résultat de celui que l'on obtient en partant de la *définition* du mètre, et en supposant la Terre sphérique. (*Géom.*, 380.)

** Ces deux figures sont des projections orthogonales faites sur le plan de l'équateur céleste. ABC représente le cercle équatorial de la Terre T; P est le pôle boréal; M occupe à peu près la position de Paris (l'observateur, placé en M, tourne le dos au pôle). On peut supposer que

expérience vulgaire : quand on est dans un bateau, ou dans une voiture roulant sur un terrain uni, il semble que les maisons et les arbres marchent dans un sens contraire à celui du bateau ou de la voiture Sur un chemin de fer, l'illusion est encore plus complète : si l'on met la tête à la portière, et qu'on regarde, pendant quelques instants, les cailloux placés sur la voie, on croit bientôt les voir *courir*. Cette sensation singulière, d'autant plus forte que l'on s'*isole* plus complétement du véhicule dans lequel on est placé, et que le mouvement de celui-ci s'opère avec moins de secousses, doit nous tenir en garde contre les conclusions que nous voudrions déduire du spectacle journalier du ciel.

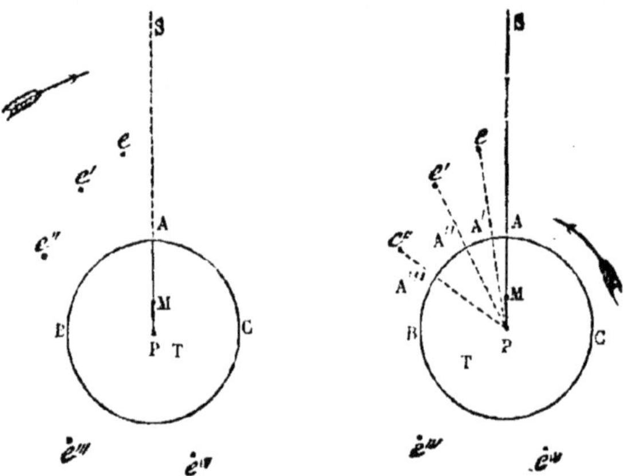

80. Les anciens, qui n'avaient, pour ainsi dire, aucune notion des grandeurs et des distances des astres, croyaient les étoiles très-rapprochées de la Terre ; et, en conséquence, pour expliquer le mouvement diurne, ils avaient *solidifié* le ciel : cette sphère idéale, produit d'une pure illusion de nos sens, devenait pour eux une véritable *voûte de cristal,* tournant autour d'un axe, et sur laquelle les étoiles étaient attachées (5).

les étoiles *e, e', e'', e''',...* soient *Sirius, Procyon, Régulus, l'Épi, Ataïr, etc. :* l'ordre dans lequel on les a placées est contraire à celui qu'elles occupent sur le planisphère, parce que celui-ci doit être regardé de *bas* en *haut,* tandis que les deux figures dont il s'agit, étant des projections, doivent être vues de *haut* en *bas.*

Cela posé, il est clair que, *si la Terre* T *est fixe, les étoiles* e, e', e'',... *viendront, successivement, rencontrer le méridien* PA. *Si,* au contraire, *le ciel est fixe, le méridien mobile* PA, dont les positions successives seront PA', PA'',... *rencontrera les étoiles.* Dans les deux cas, le spectateur, regardant vers le midi, verra le ciel tourner de *gauche* à *droite.*

81. Depuis que le perfectionnement des méthodes et des instruments a fait de l'Astronomie la première des sciences d'observation, toutes ces hypothèses de cieux solides, d'astres destinés à éclairer la Terre, etc., ont dû être complétement abandonnées : elles ne peuvent plus servir qu'à nous faire croire aux progrès futurs de l'esprit humain, en nous montrant la route qu'il a déjà parcourue. En effet, le Soleil, comme nous le démontrerons bientôt, a un volume qui surpasse *quatorze cent mille* fois celui de notre globe; il est éloigné de nous d'environ *vingt-quatre mille* fois le rayon de la Terre; et, très-probablement, l'étoile la plus proche est encore *deux cent mille* fois plus loin. En outre, les étoiles (on le croit du moins) sont irrégulièrement répandues dans l'espace, et leurs distances mutuelles peuvent varier entre des limites très-écartées qui seraient, par exemple, la distance du Soleil à la Terre, et un million de fois cette distance. Comment supposer que tous ces astres, dont la grandeur, le nombre et l'éloignement confondent l'imagination, tournent autour d'une *droite mathématique*, passant par les pôles de l'atome imperceptible sur lequel nous végétons?... Ce n'est pas tout : de deux étoiles également éloignées de la Terre, celle qui est voisine du pôle aura une vitesse relative assez faible; mais celle qui est près de l'équateur devra, pour effectuer sa révolution en même temps que la première, être animée d'une vitesse véritablement effrayante. Ce que nous disons de deux étoiles acquiert bien plus de force quand on les envisage toutes à la fois; et comme on doit admettre qu'il n'existe entre elles ni *liens matériels*, ni *accord moral*, on est conduit à rejeter, *d'une manière absolue*, l'hypothèse du mouvement de rotation du ciel.

82. Au contraire, si la Terre tourne, tout se simplifie. Au lieu d'une multitude de corps, probablement gros comme le Soleil, circulant avec des vitesses très-grandes et pourtant très-diverses, il en résulte un seul, incomparablement plus petit, *pirouettant* sur lui-même avec une vitesse assez faible, puisque les points placés à l'équateur parcourent à peine 470 mètres par seconde *. Quand il n'y aurait pas de preuves *directes* du mouvement de rotation de la Terre, la simplicité de

* Cette vitesse est environ la moitié de celle que possède un boulet au sortir du canon. Le lecteur qui serait tenté de la regarder comme très-considérable ne doit pas oublier que, si la Terre était fixe, la vitesse de translation du Soleil, dans son mouvement diurne, serait $470^{m} \cdot 24\,000$, ou à peu près 11 300 kilomètres par seconde.

ce résultat, comparée à la complication de ceux que nous venons de signaler, devrait nous décider en faveur de la seconde hypothèse.

83. *Objections contre le mouvement de la Terre.* — 1° On peut demander si, par suite de la différence de vitesse entre les points de l'équateur et les points d'un parallèle quelconque, un voyageur qui se transporterait d'une latitude à une autre ne devrait pas avoir *conscience* du mouvement de rotation auquel il participe. La réponse est facile. En effet, ce changement de vitesse a lieu d'une manière continue et insensible, puisque le voyageur doit traverser toutes les latitudes comprises entre celles des points de départ et d'arrivée. D'un autre côté, comme nous le verrons plus tard, *la vitesse de rotation de la Terre,* même à l'équateur, *est toujours une fraction très-petite de sa vitesse de translation.* Pour ces deux raisons, il est impossible que nos organes nous avertissent d'un changement dans notre vitesse de rotation.

84. 2° Les adversaires du système de Copernic prétendaient que, si on laisse tomber une balle du haut d'un mât, dans un vaisseau en mouvement, elle tombe, non au pied du mât, mais à une certaine distance en arrière, égale au chemin parcouru par le vaisseau. Conséquemment, disaient-ils, si la Terre tourne, le même phénomène devra se présenter quand on laissera tomber la balle du haut d'une tour; elle sera déviée à l'ouest.

Les *Coperniciens* admettaient la première assertion; mais ils en niaient la conséquence. Galilée montra que le fait regardé comme vrai était absolument faux, et contraire à ce qui arrive sur tous les vaisseaux en voyage: quand un matelot se laisse tomber du haut d'un mât, il ne s'en écarte pas, dans toute la durée de sa chute. Galilée fit plus: il découvrit la *loi des mouvements relatifs,* que l'on peut énoncer ainsi:

Les mouvements relatifs des corps composant un système ne sont pas troublés, quand le système éprouve un mouvement de translation *.

D'après cette loi, si la base et le sommet d'une tour avaient la même vitesse de rotation, la balle tomberait rigoureusement au pied de la tour. En réalité, comme la vitesse au sommet est

* Par exemple, on peut écrire, on peut jouer au billard, etc., dans un bateau qui se meut régulièrement sur un canal, absolument comme on le ferait sur la *terre ferme.*

plus grande que la vitesse à la base, la balle est un peu déviée à l'*est* *, c'est-à-dire dans le sens du mouvement de la Terre.

Autres preuves du mouvement de rotation.

85. *Longueur du pendule.* — Les oscillations du pendule sont dues à la pesanteur : elles doivent être plus lentes quand l'instrument est plus éloigné du centre de la Terre. Ce fait fut d'abord vérifié par l'astronome français Richer. Envoyé à Cayenne, en 1672, par l'Académie des sciences, il trouva que son horloge, réglée à Paris, retardait, chaque jour, d'une quantité sensible : en d'autres termes, pour que le pendule de Richer battît les secondes à Cayenne, il le fallait accourcir.

En prenant pour unité la longueur du pendule qui fait, à l'Observatoire de Paris, 86 400 oscillations par jour, on a trouvé sa longueur égale à 0,996 69 à l'équateur, tandis qu'en Laponie elle est 1,001 37. La différence entre ces deux longueurs est trop considérable pour être seulement due à la forme ellipsoïdale du méridien ; mais si l'on admet la rotation de la Terre, il en résulte une *force centrifuge* dirigée, en chaque lieu, suivant le rayon du parallèle, et proportionnelle à ce rayon **. Cette force centrifuge, nulle au pôle, atteint donc son maximum à l'équateur : et, agissant du centre à la circonférence, elle atténue, en partie, l'effet de la pesanteur. L'expérience ayant confirmé ces prévisions théoriques, il s'ensuit que la mesure du pendule à secondes, faite en divers lieux, peut servir à démontrer la rotation de la Terre.

86. La considération de la force centrifuge donne lieu à une curieuse remarque. A l'équateur, cette force est $\frac{1}{289}$ de la pesanteur. D'ailleurs elle croît proportionnellement au carré de la vitesse de rotation, et 289 est le carré de 17. Conséquemment, si *la Terre tournait 17 fois plus vite, les corps placés à l'équateur ne pèseraient plus :* une pierre qu'on lancerait de bas en haut ne retomberait pas.

87. *Forme du sphéroïde terrestre.* — Nous avons reconnu que la figure de notre globe est, à fort peu près, celle d'un ellipsoïde

* L'explication de ce fait et la mesure de la déviation appartiennent à la Mécanique.

** Voyez la *Mécanique.*

de révolution aplati. Or, la Mécanique enseigne que cette même figure convient à l'équilibre d'une masse fluide animée d'une certaine vitesse de rotation. D'un autre côté, les géologues ont été conduits, par leurs recherches, à la conclusion suivante : *A l'origine des choses, la Terre était incandescente. Aujourd'hui, elle conserve encore une partie de sa chaleur et de sa fluidité primitives.* La forme actuelle du sphéroïde terrestre est donc un argument en faveur du système de Copernic.

88. *Vents alizés.* — On donne ce nom à des courants atmosphériques qui règnent constamment dans les régions équatoriales. Dans l'hémisphère boréal, l'*alizé inférieur,* celui qui se fait sentir à la surface de l'Océan, est *nord-est*,* et l'*alizé supérieur,* indiqué par le mouvement des nuages, est *sud-ouest.* Au contraire, dans l'hémisphère austral, le courant inférieur est dirigé du *sud-est* vers le *nord-ouest,* tandis que le courant supérieur se dirige du *nord-ouest* au *sud-est.* La distribution de la chaleur à la surface du globe, combinée avec *l'hypothèse du mouvement de rotation* de la Terre, rend parfaitement compte de ces phénomènes.

En effet, des pôles à l'équateur, la température terrestre augmente graduellement. A l'équateur même, la chaleur de la surface doit, en se communiquant à l'air, diminuer la densité de celui-ci : conformément aux lois de l'hydrostatique, cet air raréfié s'élève dans l'atmosphère ; il est remplacé par de l'air plus froid et plus lourd, lequel pénètre des deux côtés de l'équateur, en rasant la surface. Quand l'air déplacé est parvenu au delà de son niveau naturel, comme il n'est plus retenu par des pressions latérales suffisantes, il se déverse, de droite et de gauche, vers les pôles, en produisant ainsi des courants supérieurs, opposés aux premiers. L'air des courants supérieurs se refroidit progressivement, et il est ramené aux pôles, pour remplacer celui qui s'est rendu vers l'équateur ; de telle sorte que la circulation est continuelle.

Supposons à présent que la Terre tourne de l'*ouest* à l'*est,* et voyons quel sera, par exemple, l'effet produit sur le courant inférieur de l'hémisphère boréal, courant qui est *nord-sud.*

Comme la vitesse de rotation augmente quand la latitude diminue, les molécules d'air venues du pôle nord passent successivement, d'une région où la vitesse est moindre, à une région où elle est plus grande : ces molécules tournent donc, à chaque

* C'est-à-dire qu'il se dirige du N. E. vers le S. O.

instant, moins rapidement que le lieu où elles se trouvent. L'effet produit sur les corps placés à la surface de la Terre est celui qu'ils éprouveraient si, la Terre étant en repos, les mêmes molécules tournaient de l'*est* à l'*ouest*, avec une vitesse égale à la différence des vitesses dont il vient d'être question.

D'un autre côté, lorsqu'un corps est soumis à deux forces, qui, prises isolément, lui donneraient des directions différentes, il suit une direction *résultante*, moyenne entre les deux autres. Conséquemment, le courant inférieur, qui serait *nord-sud* si la Terre était en repos, et qui serait *est-ouest* s'il était dû seulement à la différence de vitesse entre le pôle et l'équateur; le courant inférieur, disons-nous, sera dirigé du *nord-est* vers le *sud-ouest*.

On explique avec autant de facilité l'alizé boréal supérieur et les alizés austraux.

89. *Expérience de Foucault.* — Le pendule, qui avait déjà servi à reconnaître la figure de la Terre, est devenu, par suite d'une heureuse idée de M. Foucault, l'appareil le plus propre à démontrer, d'une manière nette et saisissante, le mouvement de rotation de notre globe.

Pour concevoir comment cet ingénieux physicien, trop tôt ravi à la science, a pu être conduit à imaginer la célèbre expérience du Panthéon, considérons d'abord le cas, purement hypothétique, d'un pendule oscillant au pôle boréal.

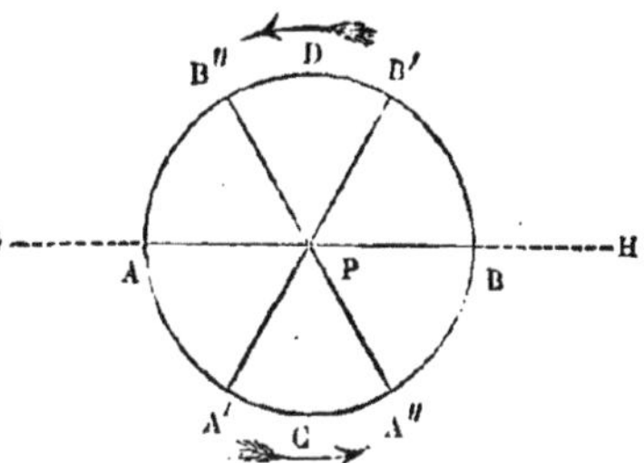

Soient ACBD l'équateur, P le pôle, APB un méridien quelconque. Si le pendule, dont le point de suspension est sur le prolongement de l'axe terrestre, commence à osciller dans le plan fixe GAPBH, il y restera indéfiniment, parce que ce plan partage la sphère en deux parties symétriques. Cela posé, *si la Terre est fixe,* le plan méridien APB coïncidera sans cesse avec GPH; et, conséquemment, *il n'y aura ni déviation réelle, ni déviation apparente du plan d'oscillation.* Au contraire, *si la Terre tourne de l'ouest à l'est*, le méridien AB prendra successivement les positions A'B', A''B'', ..., et *le plan d'oscillation* GPH *paraîtra tourner de l'est à l'ouest, de manière à effectuer une révolution complète en 24 heures sidérales.*

Soit, en second lieu, un pendule *ap* placé en un point A de l'équateur ABCD. On voit, par le raisonnement employé ci-dessus, que si le pendule oscille d'abord dans le plan méridien PAP', il ne sortira plus de ce plan, dans lequel sa tige A*a* est fixée. Ainsi, *que la Terre tourne ou qu'elle soit fixe, le plan d'oscillation coïncidera indéfiniment avec le méridien* PAP'; *et il n'y aura aucune déviation apparente.*

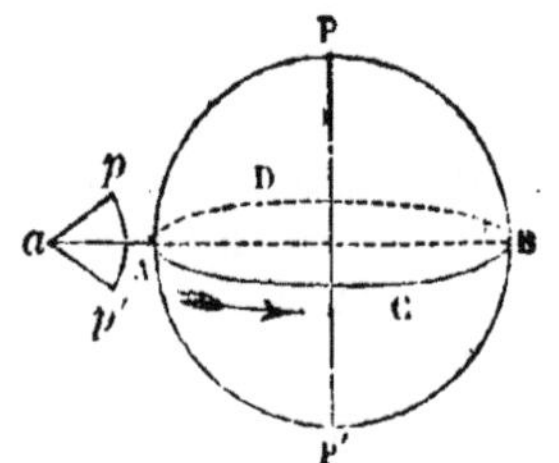

Enfin, supposons le pied de la tige du pendule transporté sur un parallèle quelconque ABC. Soit PAP' le méridien dans lequel commence le mouvement oscillatoire. *Si la Terre est fixe, il n'y aura aucune déviation du plan d'oscillation;* mais si elle tourne de l'*ouest* à l'*est*, de manière que le méridien *initial* PAP' prenne successivement les positions PBP', PCP', en entraînant avec soi la tige A*a* du pendule, *il y aura une déviation apparente du plan d'oscillation, dirigée de l'est à l'ouest : la trace horizontale de ce plan semblera se mouvoir, autour du pied de la tige du pendule, avec une vitesse angulaire comprise entre celles qui répondent aux deux cas extrêmes considérés d'abord.*

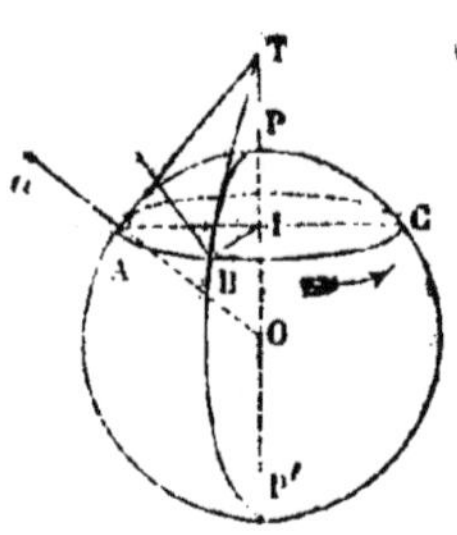

Réciproquement, *si*, comme cela avait lieu dans l'expérience de Foucault, *le plan d'oscillation paraît se diriger de l'est à l'ouest, il est sûr que la Terre tourne de l'ouest à l'est.*

Résumé.

La *Terre* n'est pas plate; elle est *à peu près sphérique.*

Ce qui le prouve, ce sont : 1° les *variations dans l'aspect du ciel* à mesure que l'on s'avance du sud au nord, ou réciproquement; 2° l'*aspect des continents* lorsqu'on s'en éloigne ou qu'on s'en rapproche sur un navire; 3° les *voyages de circomnavigation,* tels que celui que fit Magellan en 1520.

Les *dimensions de la Terre* sont tout à fait négligeables par rapport sa distance aux étoiles.

La Terre *est isolée* dans l'espace.

La Terre *tourne autour de son axe,* d'occident en orient.

2.

Un *méridien terrestre* est le lieu des verticales parallèles à un même méridien céleste.

La courbe suivant laquelle la surface de la Terre est coupée par le méridien d'un lieu, est la *méridienne* de ce lieu.

Un *parallèle* est le lieu des points pour lesquels les verticales sont également inclinées sur l'axe du monde.

L'*équateur terrestre* est le lieu des points pour lesquels les verticales sont parallèles à l'équateur céleste.

La *longitude* d'un lieu est l'arc de l'équateur compris entre un premier méridien et le méridien passant en ce lieu.

La *latitude* d'un lieu est l'arc de méridien compris entre ce lieu et l'équateur, ou encore :

La *latitude* d'un lieu est l'angle formé par la verticale de ce lieu et par la verticale de l'équateur, située dans un même méridien avec la première. La latitude est égale à la hauteur du pôle.

La *différence des longitudes* de deux lieux est égale à la différence des heures que l'on y compte au même instant.

Pour un observateur placé *au pôle*, la sphère est *parallèle; à l'équateur*, elle est *droite;* entre *les pôles et l'équateur*, elle est *oblique*.

Ératosthène, Fernel, Picard ont successivement mesuré un *arc du méridien*. Picard a trouvé que *la distance du pôle à l'équateur est égale à* 5 136 300 *toises*. Les deux Cassini et Maraldi ont prolongé la méridienne de Picard.

La figure de la Terre est, à fort peu près, celle d'*un ellipsoïde de révolution autour de son petit axe*. Le voyage de Bouguer, La Condamine, etc., en 1734, l'a démontré.

Le *rayon* de la Terre est égal à 10 017 594 mètres.
Sa *surface* est égale à 5 099 508 myriamètres carrés.
Et son *volume* à 1 082 841 000 myriamètres cubes.

Les preuves du mouvement de rotation de la Terre sont :

1° La mesure du *pendule à secondes*, faite en divers lieux; 2° la forme du *sphéroïde terrestre;* 3° l'existence des *vents alizés;* 4° l'expérience de Foucault.

CHAPITRE III.

Cartes géographiques (90-103). — Notions sur les divers systèmes de projection (92-103).

Globes terrestres. Cartes géographiques.

90. On a vu (48) comment, au moyen des ascensions droites et des déclinaisons, on peut figurer, sur une sphère de bois ou de carton, les positions apparentes des étoiles, et obtenir ce que l'on appelle un globe céleste. Semblablement, si l'on trace sur une sphère un certain nombre de méridiens et de parallèles; qu'on y rapporte ensuite, au moyen de leurs longitudes et de leurs latitudes, les positions des principales villes; qu'enfin l'on y dessine les configurations des continents, des mers, des grands fleuves, des chaînes de montagnes, etc.; le *globe terrestre*, ainsi construit, donnera une idée exacte de la surface de la Terre; car, à cause du faible aplatissement de celle-ci, les deux corps pourront être regardés comme étant semblables *.

91. A défaut de globes terrestres, qui d'ailleurs pourraient devenir incommodes par suite des grandes dimensions qu'on devrait leur donner, on emploie des dessins, appelés cartes *géographiques*, exécutés sur des feuilles planes, et qui figurent un continent, un pays, une province, etc. Une carte de la Terre, entière, partagée en deux hémisphères, prend le nom de *mappemonde*.

Divers systèmes de projection.

92. On sait que le *plan* d'un terrain sensiblement horizontal est une figure semblable à celle qu'il représente, en sorte que le plan donne, à fort peu près, l'idée de la forme du terrain **. Il n'en est pas de même d'une carte. En effet, la surface de la Terre n'étant ni plane ni développable, on ne peut la représenter sur un plan qu'en altérant plus ou moins les distances, l'étendue des surfaces, les angles, les sinuosités des routes, etc. On se contente donc de tracer, sur la feuille de papier, un certain nombre de lignes représentant, les unes des parallèles, les autres des méridiens : on a ainsi un *canevas géographique;* après quoi l'on marque, *à vue*, les positions des lieux.

La loi suivant laquelle on détermine les lignes destinées à figurer les méridiens et les parallèles constitue ce que l'on appelle une *projection*. Il y a une infinité de manières de varier

* Non-seulement il est inutile, dans la construction des globes terrestres, d'avoir égard à l'aplatissement, mais encore cela serait presque impossible; car sur un globe d'*un mètre* de rayon équatorial, cet aplatissement serait d'environ 3 millimètres. Cette différence entre les demi-axes, inappréciable à la vue, est probablement supérieure aux erreurs que commettent, sur des globes de cette dimension, les plus habiles constructeurs. A plus forte raison ne peut-on rendre sensible le relief des montagnes : le pic le plus élevé de l'Himalaya serait figuré, sur ce globe ayant pour rayon 1 mètre, par une petite saillie de 1 millimètre et demi.

** Voyez la *Géométrie descriptive*.

le système de projection; mais, quel que soit le mode adopté, il faut que le réseau géographique soit facile à construire, et que les distances et les formes soient peu altérées.

Tantôt on emploie une véritable *projection orthogonale* ou *orthographique* des lieux qu'on veut représenter, c'est-à-dire qu'on imagine des perpendiculaires abaissées, des principaux points, sur un plan; tantôt on fait une *perspective,* appelée *projection stéréographique* ou *projection de Ptolémée:* ce système est surtout employé pour les mappemondes.

Projection orthographique.

93. Nous n'avons presque rien à dire de ce mode de représentation, qui n'est qu'une application des procédés ordinaires de la Géométrie descriptive. Si, comme on le suppose ordinairement, on choisit, pour plan de projection, le plan d'un méridien, les parallèles se projettent suivant des lignes droites, parallèles à la projection de l'équateur; et les projections des méridiens sont des ellipses ayant les deux pôles pour sommets communs.

Les mappemondes construites d'après ce principe sont exactes dans les parties centrales; mais elles sont très-défectueuses près des bords, parce que, dans le premier cas, un petit arc de l'équateur se projette presque en vraie grandeur, et que, dans le second, sa projection est à peu près nulle.

Projection stéréographique.

94. Dans ce système de projection, attribué à l'astronome Ptolémée, on prend pour *tableau,* c'est-à-dire pour *surface transparente,* le plan du grand cercle AEBF servant de base à l'hémisphère AEBFD que l'on veut représenter : le *point de vue* O est à l'extrémité du rayon CO mené par le centre de la Terre, perpendiculairement à ce plan. Si M est un point de la surface terrestre, supposée creuse, l'œil placé en O reçoit, dans la direction MO, un rayon lumineux qui, par sa rencontre avec le tableau AEBF, détermine un point *m, image, perspective* ou *projection stéréographique* de M.

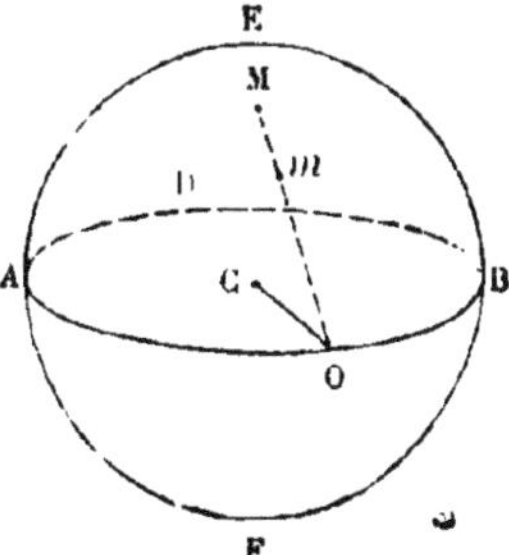

95. La projection de Ptolémée jouit des propriétés suivantes :

1° *La perspective d'un petit cercle appartenant à la sphère terrestre, est une circonférence qui a pour centre la perspective du sommet du cône circonscrit à la sphère, suivant le petit cercle.*

2° *La perspective d'un grand cercle appartenant à la sphère terrestre, est une circonférence dont le centre appartient à la perpendiculaire abaissée du point de vue sur le plan du grand cercle, et dont le rayon est égal à la distance comprise entre ce centre et le point de vue.*

3° *Deux cercles de la sphère, et leurs projections stéréographiques, se coupent sous un même angle* *.

96. *Remarque.* — D'après la dernière propriété, *un triangle sphérique très-petit, et sa projection stéréographique, sont deux figures semblables;* donc, *une portion très-petite quelconque de la surface terrestre, et sa projection stéréographique, sont deux figures semblables.*

Cet énoncé suppose, bien entendu, que la figure sphérique soit assez petite pour pouvoir être regardée comme étant plane.

97. *Projection sur un méridien.* — Proposons-nous de représenter l'hémisphère APBP'D sur le plan du méridien APBP' qui lui sert de base. D'après les conventions indiquées précédemment, nous devrons placer le point de vue O à l'extrémité du rayon CO perpendiculaire à ce plan, c'est-à-dire au milieu du demi-équateur AOB opposé à l'hémisphère donné.

M étant un point quelconque de cet hémisphère, imaginons le demi-méridien PEP' et le demi-parallèle FMG qui passent en ce point; leurs perspectives seront deux arcs de cercle passant, l'un par les pôles P, P', l'autre par les extrémités du diamètre FG. Il faut donc déterminer encore un point de chacun de ces arcs.

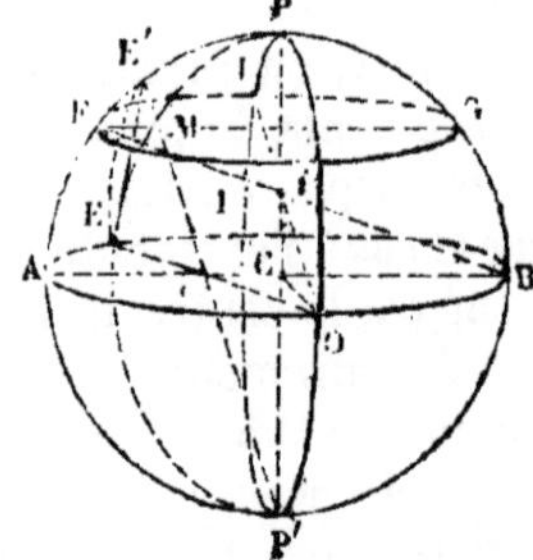

* Les éditions précédentes contenaient la démonstration de ces divers théorèmes. Le nouveau Programme portant que le cours de Cosmographie doit être *surtout descriptif*, nous croyons devoir, aujourd'hui, nous en tenir à de simples énoncés. Cette modification regrettable se présentera plus d'une fois.

Considérons, en premier lieu, la perspective *e* du point E où le méridien PMP' coupe l'équateur AEB. Si nous faisons tourner toute la figure autour de AB, de manière que le point de vue O vienne en P', le point *e*, situé sur l'axe de rotation, restera immobile, et le point E viendra se placer en E', sur le méridien APBP', à une distance du point A égale à l'arc AE. D'ailleurs, la droite E*e*O ayant seulement tourné autour de AB, les trois points E', *e*, P' seront en ligne droite.

Soit ensuite *i* la perspective du point I où le demi-parallèle FMG coupe le demi-méridien PDP'. Si nous imprimons à la figure un mouvement de rotation autour de PP', de telle sorte que le point de vue O décrive le quadrans OB, le point I viendra se placer en F, et le point *i* ne changera pas de position.

Nous pouvons donc énoncer les propositions suivantes :

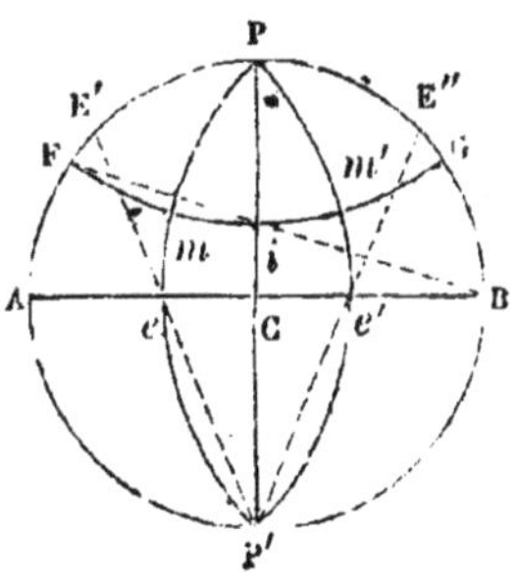

1° *Prenez, sur le méridien-tableau, à partir de l'équateur, un arc* AE' *égal à la longitude* AE *du lieu* M ; *joignez le point* E' *au pôle* P' *par la droite* E'P', *et soit* e *le point où elle coupe le diamètre* AB *de l'équateur : l'arc de cercle* PeP' *est la projection stéréographique du demi-méridien passant en* M.

2° *Les arcs* AF, BG *étant égaux à la latitude du lieu* M, *menez la droite* FB, *qui coupe en* i *le diamètre polaire* PP' : *l'arc de cercle* FiG *est la projection stéréographique du parallèle de* M.

3° *Conséquemment, l'intersection* m *des arcs* PeP', FiG *est la perspective du lieu* M.

98. D'après ce qui vient d'être dit, pour tracer le canevas géographique de l'ancien monde, en le supposant limité à 20° à l'ouest de Paris, nous inscrirons, dans un cercle de rayon arbitraire, deux diamètres AB, PP' perpendiculaires entre eux, nous diviserons la circonférence PAP' (Pl. I) en trente-six parties égales : puis joignant, aux extrémités P' et B de nos deux diamètres, les points ainsi obtenus, nous obtiendrons, d'une part, les divisions de l'équateur AB, et, de l'autre, les divisions du diamètre PP'. Il reste ensuite à tracer les cercles indiqués sur la figure : ils représentent les méridiens et les parallèles de 10° en 10°. Le point M, qui est à 20° de longitude

est, relativement à PAP', et dont la latitude *nord* égale environ 49°, représente Paris.

99. *Remarque.* — Les méridiens et les parallèles se coupent à angle droit; il en est donc de même pour leurs projections stéréographiques (95, 3°). Conséquemment, chacun des cercles de latitude tracés sur la petite mappemonde coupe à angle droit tous les cercles de longitude, et réciproquement. On exprime cette propriété en disant que ces deux systèmes de cercles sont *orthogonaux.*

100. *Projection sur l'horizon.* — Prenons pour tableau un plan mené par le centre de la Terre, perpendiculairement au rayon passant par un lieu donné M, tel que Paris. Le point de vue O sera diamétralement opposé à M, et le tableau aura pour trace, sur le méridien PMP'O, le diamètre TT', perpendiculaire à MO. En même temps, si nous prenons l'arc MA égal à la latitude, le diamètre ACB sera la trace de l'équateur, et le diamètre PCP', qui y est perpendiculaire, représentera l'axe terrestre. Enfin comme l'*horizon* du point M est le plan tangent à la sphère en ce point, le tableau TT' y sera parallèle; c'est pour cette raison que la projection est dite *sur l'horizon*

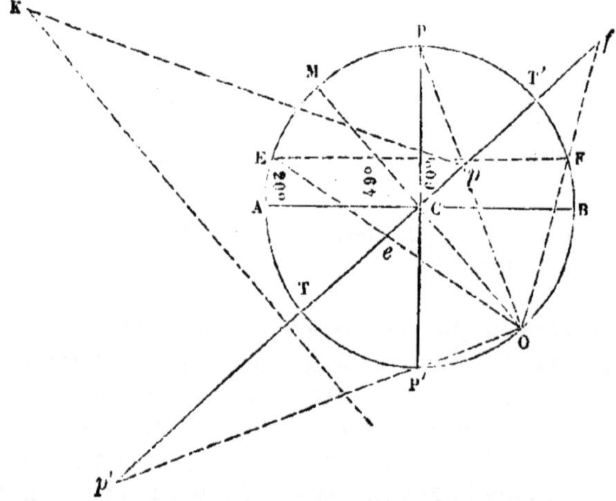

Cela posé, menons les deux rayons visuels OpP, OP'p', qui rencontrent en p, p' la trace du tableau, et supposons que toute la figure fasse un quart de révolution autour de cette dernière droite de manière que le point de vue O vienne se placer *derrière* le dessin. Les points p, p', étant situés sur l'axe de rotation, resteront immobiles : ces points sont donc les perspectives des deux pôles. De même, après comme avant la rotation, l'image du lieu M sera le centre C. Il suit de là que le demi-méridien TMT' est représenté par le diamètre TT'.

Proposons-nous actuellement de représenter un parallèle et un méridien quelconques, par exemple le parallèle qui correspond à la latitude de 20°, et le méridien situé à 30° *est* de Paris. Si nous prenons AE = BF = *arc de* 20°, et que nous menions EeO, OFf, le cercle décrit sur ef comme diamètre sera la perspective du parallèle projeté orthogonalement suivant EF : c'est ce dont on se convainc en répétant le raisonnement employé tout à l'heure. Quant au méridien, sa perspective est un arc passant par les points p', p, et coupant pp' sous un angle de 30° (95, 3°). Conséquemment, si nous élevons une perpendiculaire au milieu de cette dernière droite, et que nous la coupions par une droite pK faisant, avec $p'p$, un angle de 60°, nous aurons, en K, le centre de l'arc.

En répétant les mêmes constructions, on obtient la petite mappemonde représentée sur la *Pl. I*. Le point M, centre de la carte, représente Paris, p est le pôle boréal, etc. On voit que, conformément à la remarque faite ci-dessus, la perspective véritable a été *retournée*.

Projection française.

101. Quand il s'agit de représenter un continent, un État, un département, etc., on renonce à la projection stéréographique, parce qu'elle a l'inconvénient d'altérer beaucoup les configurations des parties éloignées du centre de la carte. D'un autre côté, la sphère n'est pas une surface développable ; et, lors même qu'on y inscrirait des surfaces polyédrales ou coniques, les développements de celles-ci ne seraient pas continus. Il a donc fallu, comme nous l'avons dit en commençant, adopter un mode de projection qui, défectueux en théorie, jouît cependant de la propriété d'altérer d'une manière peu sensible les formes des parties représentées. Voici celui auquel on s'est arrêté dans la construction de la Carte de France, publiée par le Dépôt de la guerre.

A étant le lieu dont la projection a doit occuper le centre de la carte, on fait passer par ce point a une droite indéfinie mm', que l'on regarde comme la projection du *méridien* *moyen* PAB * ; puis, pour représenter le *parallèle moyen* ADE, on prend, sur *mm'*, la distance *ai* égale à la tangente AI, et l'on trace l'arc *e'ae*.

Un parallèle quelconque BCF sera représenté par un arc *f'bf*, concentrique au premier, et dont le rayon se compose de *ia*, augmenté ou diminué de l'arc AB, suivant que la latitude du point B est inférieure ou supérieure à celle du point A.

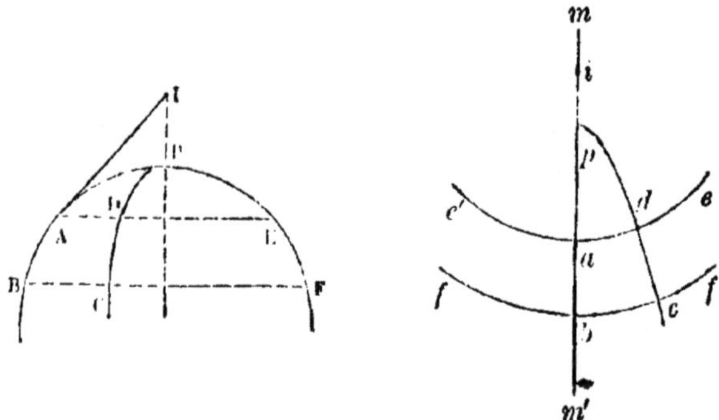

Pour représenter un méridien quelconque, tel que CDP, on prend, sur les projections des parallèles, *arc bc* = *arc* BC, *arc ad* = *arc* AD, etc., et, par les points ainsi obtenus, on fait passer une courbe *cdp*.

102. La projection française offre les avantages suivants :

1° Les distances, dans le sens des parallèles, ne sont pas altérées ;

2° Dans le sens des méridiens, elles le sont très-peu ;

3° Les angles droits, formés par les méridiens et les parallèles, sont très-peu altérés;

4° Il en est de même, conséquemment, pour les formes et les aires des figures.

Projection homalographique.

103. Dans la projection *homalographique*, imaginée par M. Babinet, il y a quelques années, les parallèles sont, comme

* Il est bien entendu que le mot *projection* n'a plus sa signification habituelle, et qu'il signifie ici : *dessin*, *représentation*, *etc*.

dans la projection orthographique, représentés par des droites parallèles à la droite qui représente l'équateur : ces lignes droites sont déterminées par la condition qu'elles divisent la surface du méridien principal en parties proportionnelles aux zones correspondantes. Quant aux méridiens, ils sont figurés par des ellipses ayant pour axe commun le *diamètre polaire,* et dont le second axe est proportionnel à la longitude. Dans ce système de projection, qui a des avantages et des inconvénients, la *surface terrestre tout entière* est représentée par une ellipse dans laquelle le grand axe est double du petit.

Cartes marines.

104. Pour se diriger en mer, les marins ne suivent pas le plus court chemin entre le point de départ et le point d'arrivée : ce plus court chemin serait un arc de grand cercle coupant, sous un angle variable, les méridiens successifs; et cette variation d'*azimut* gênerait la marche du navire, laquelle est, à chaque instant, déterminée par la boussole. On adopte donc, comme route, une courbe déterminée par la condition de couper tous les méridiens sous un angle constant : cette courbe est appelée *loxodromie.* Mercator, géographe hollandais, a imaginé un système de projection au moyen duquel les loxodromies sont représentées par des lignes droites. Dans ce système, employé pour la construction des *cartes marines,* les méridiens sont représentés par des droites parallèles, équidistantes, et les parallèles géographiques, par des droites perpendiculaires aux premières. Les conditions du *problème de la loxodromie* déterminent la loi suivant laquelle croît, avec la latitude λ, la distance comprise entre les droites qui représentent l'équateur et le parallèle correspondant à λ.

Résumé.

Les *globes terrestres* et les *cartes géographiques* sont destinés à donner une idée exacte de la surface de la Terre.

On appelle *système de projection* la loi suivant laquelle on détermine, sur une carte géographique, les lignes destinées à figurer les méridiens et les parallèles.

Il y a divers systèmes de projection : projection *orthographique* ou *orthogonale,* projection *stéréographique* ou projection *de Ptolémée ;* projection *française,* projection *homalographique* de *Babinet.*

Les *cartes marines* sont construites au moyen de la projection de *Mercator.*

CHAPITRE IV.

Du Soleil (105-137).—Mouvement annuel apparent (105-138).—Diamètre apparent du Soleil (124). — Mouvement elliptique (123-128). — Principe des aires (126). — Distance du Soleil à la Terre (132). — Rapport du volume du Soleil à celui de la Terre (133). — Rapport des masses (135). — Taches du Soleil (136). — Rotation du Soleil sur lui-même (136).

Mouvement annuel du Soleil.

105. Quand on observe le ciel chaque jour, au moment du lever du Soleil ou au moment de son coucher, on reconnaît que cet astre a un mouvement propre, dirigé en sens contraire du mouvement diurne. En effet, si l'on remarque les étoiles qui brillent à l'occident un instant après le coucher du Soleil, on les voit, quelques jours plus tard, se rapprocher de lui et se perdre dans ses rayons : à cette époque, *elles restent sur l'horizon pendant toute la journée*, et elles passent au méridien en même temps que le Soleil. Plus tard encore, elles sont déjà sous l'horizon au moment où il se couche, et on les voit paraître à l'orient quelques instants avant lui. Au bout de six mois environ, elles se lèvent quand le Soleil se couche, et, conséquemment, *elles sont sur l'horizon pendant la nuit.* Enfin, après une année entière, les mêmes phénomènes recommencent dans le même ordre.

106. Il résulte, de ce premier aperçu, que le Soleil paraît s'avancer chaque jour dans le ciel, d'occident en orient et par une progression lente, de manière à revenir, au bout d'environ 365 jours*, à son point de départ. Si l'on veut se représenter ce mouvement propre du Soleil, on peut supposer qu'une *mouche* parcoure, sur un globe céleste, un cercle peu incliné à l'équateur, et qu'elle se meuve de l'ouest à l'est. Quand on fait tourner le globe sur son axe, de manière à figurer le mouvement diurne du ciel, la mouche est entraînée avec tout le système; mais elle arrive au cercle fixe représentant le méridien, après l'étoile d'où elle est partie. Ce *retard* augmente de plus en plus, et il devient égal au temps d'une révolution du globe, quand la mouche a décrit une circonférence entière.

* Il s'agit ici de *jours solaires*.

107. Avant d'étudier les lois du mouvement propre du Soleil, nous devons mentionner une circonstance que nous n'avons pas rencontrée encore : le *Soleil a un diamètre apparent*, tandis que les étoiles n'en ont pas. En d'autres termes, les rayons visuels menés à deux bords opposés du Soleil forment entre eux un angle appréciable, même à la vue simple, et, au contraire, l'image formée par une étoile quelconque, au foyer d'une forte lunette, est un simple point lumineux, auquel il n'est pas possible d'assigner un diamètre. D'après cela, il ne peut y avoir aucune ambiguïté dans la détermination de la position d'une étoile : quand, par exemple, son image est *occultée* par le fil moyen du réticule de la lunette méridienne, on dit, comme nous l'avons vu, que l'étoile passe au méridien. Mais, s'il s'agit du Soleil, ou de tout astre ayant un diamètre apparent, qu'appellera-t-on *passage au méridien, hauteur méridienne, etc.?* La réponse est facile. Comme le *disque*, c'est-à-dire la forme apparente d'un astre, est très-sensiblement circulaire, on prend le centre pour point de *repère*. Ainsi, *ascension droite*, *déclinaison d'un astre,* signifie ascension droite ou déclinaison du centre de son disque.

108. Pour mesurer, à un jour donné, l'ascension droite du centre du Soleil, on note le moment où l'image du premier bord du disque vient toucher le fil central du réticule; on note ensuite l'instant où l'image du second bord touche ce fil en le quittant, et on prend la moyenne des temps observés.

Pour la déclinaison, on opère d'une manière analogue. Avec la lunette du mural, on mesure la hauteur méridienne du bord supérieur du Soleil, puis celle du bord inférieur : la demi-somme de ces deux angles donne la hauteur méridienne du centre; d'où l'on déduit, de la même manière que pour les étoiles, la déclinaison de ce point.

Mouvement en ascension droite.

109. Supposons qu'à un jour donné, le 20 mars par exemple, on ait observé le passage du Soleil au méridien. Le 21 mars, quand la pendule sidérale marquera l'heure qu'elle indiquait la veille à l'instant du passage, l'astre ne sera pas encore au méridien : le retard est d'environ 4 minutes. D'ailleurs le mouvement diurne du ciel a lieu d'orient en occident, c'est-à-dire de la *gauche* à la *droite* de l'observateur placé à l'oculaire de

la lunette méridienne*; donc ce retard du Soleil sur les étoiles montre qu'il a marché, *de droite à gauche,* ou d'occident en orient, d'une quantité angulaire proportionnelle à 4 minutes de temps : à raison de 15° par heure, cette quantité équivaut à 1°.

110. En résumé, le mouvement du Soleil, en ascension droite, est d'à peu près 1° par jour sidéral : de telle sorte qu'au bout d'environ 366 jours sidéraux, le Soleil revient occuper, dans le ciel, sa position primitive; il passe alors au méridien en même temps que l'étoile avec laquelle il y passait d'abord. Mais, comme il y a eu 366 retours de l'étoile, tandis qu'il y en a eu un de moins pour le Soleil, il s'ensuit que l'année solaire est d'environ 365 jours solaires**.

Mouvement en déclinaison.

111. Tout le monde sait que, dans nos contrées, la hauteur méridienne du Soleil croît, du mois de décembre au mois de juin, pour décroître ensuite. Conséquemment, cet astre a un mouvement en déclinaison. En effet, si, comme nous l'avons supposé, on l'observe tous les jours au cercle mural, à partir du 20 mars, on reconnait que sa déclinaison, nulle à cette époque, devient boréale les jours suivants, et qu'elle atteint son maximum le 21 juin : ce jour-là le Soleil est à peu près à 23° $\frac{1}{2}$ de l'équateur céleste. A partir du 22 juin, la déclinaison va en diminuant; le 22 septembre, le Soleil est de nouveau dans l'équateur; il passe ensuite dans l'hémisphère céleste austral; et sa déclinaison, après avoir atteint un second maximum le 21 décembre, redevient nulle à l'expiration de l'année solaire, c'est-à-dire le 20 mars.

Écliptique.

112. De la même manière que les ascensions droites et les déclinaisons nous ont servi à représenter, sur un globe céleste, les positions apparentes des étoiles, nous pouvons, au moyen des ascensions droites et des déclinaisons du soleil, mesurées

* Les lunettes astronomiques *renversent* les objets. Conséquemment l'image du Soleil parait se mouvoir de la droite à la gauche de l'observateur. Les mots *droite* et *gauche* du texte se rapportent toujours aux apparences telles qu'elles ont lieu pour l'*œil nu*.

** Nous compléterons bientôt ces premières notions.

chaque jour, dessiner sa route apparente. La ligne ainsi obtenue est une circonférence de grand cercle, dont le plan est incliné de 23° 27′ 15″,3* sur l'équateur. Elle a été appelée *écliptique*, parce que les *éclipses* de Soleil ou de Lune ont lieu quand ce dernier astre est dans le plan de la courbe, ou qu'il s'en écarte fort peu.

113. *Remarque.* — De toutes les droites menées dans l'écliptique, par le centre de la sphère céleste, celle qui fait le plus grand angle avec l'équateur est la perpendiculaire à l'intersection des deux plans ; et cet angle maximum mesure l'inclinaison de l'écliptique sur l'équateur. Par suite, *l'obliquité de l'écliptique est égale à la plus grande déclinaison du Soleil.*

Équinoxes. Solstices. Tropiques. Cercles polaires, etc.

114. Les points d'intersection de l'écliptique et de l'équateur céleste sont appelés *équinoxes* ou *points équinoxiaux.* Vers le 20 mars, le Soleil atteint l'équateur, c'est-à-dire qu'il est dans l'*équinoxe de printemps*. Nous avons déjà dit que ce dernier point est celui que l'on prend pour origine des ascensions droites. Conséquemment, au moment où le Soleil est dirigé vers l'équinoxe de printemps, son ascension droite est nulle, aussi bien que sa déclinaison.

115. On a vu ci-dessus que, le 21 juin, la déclinaison boréale du Soleil atteint son maximum, et qu'il en est de même, le 21 décembre, pour sa déclinaison australe. A ces deux époques, le Soleil cesse de s'éloigner de l'équateur, en sorte qu'il paraît *s'arrêter*. Pour cette raison, on a donné le nom de *solstice* à chacun des points de l'écliptique où se trouve alors le Soleil : l'un est le solstice d'été, l'autre le solstice d'hiver.

Quant aux dénominations d'équinoxes, elles rappellent qu'à l'époque où le Soleil est dans l'équateur, le jour est *égal à la nuit* par toute la Terre.

116. On nomme *tropiques* les parallèles que le Soleil semble décrire en 24 heures sidérales, aux époques des solstices. Chacun de ces parallèles porte le nom de la constellation dans laquelle se trouve alors le Soleil : l'un, décrit au moment du

* On verra plus tard que l'*obliquité de l'écliptique* n'est pas absolument constante : le nombre donné dans le texte se rapporte au 31 décembre 1868.

solstice d'été, est le *tropique du Cancer* ; l'autre est le *tropique du Capricorne.*

117. Une perpendiculaire au plan de l'écliptique, menée par le centre de la sphère céleste, s'appelle *axe de l'écliptique,* par analogie avec l'axe de l'équateur. Les points où elle rencontre la surface de la sphère sont les *pôles de l'écliptique.* L'angle des axes étant égal à l'angle des plans auxquels ils sont respectivement perpendiculaires, il s'ensuit que les pôles de l'écliptique sont à une distance des pôles de l'équateur égale à l'obliquité de l'écliptique. Le pôle nord de l'écliptique est, *actuellement,* dans la constellation du *Dragon,* à peu près entre les étoiles δ et ζ.

118. On donne le nom de *cercles polaires célestes* aux deux parallèles passant par les pôles de l'écliptique : ils répondent aux *cercles polaires terrestres* qui en sont, pour ainsi dire, les perspectives.

119. Enfin les *colures* sont deux cercles horaires, perpendiculaires entre eux, et qui passent, l'un par les équinoxes, l'autre par les solstices. Le colure des solstices passe évidemment par les pôles de l'écliptique.

Constellations zodiacales.

120. Le *zodiaque* est une zone de la sphère céleste, large de 17°, partagée en deux parties symétriques par l'écliptique. Les constellations situées dans cette partie du ciel ont été remarquées de tout temps, parce que le Soleil, dans son mouvement annuel, paraît les occuper successivement. Voici leurs noms, et les symboles qui les représentent :

Le *Bélier,*	le *Taureau,*	les *Gémeaux,*	le *Cancer,*	le *Lion,*
♈	♉	♊	♋	♌

la *Vierge,*	la *Balance,*	le *Scorpion,*	le *Sagittaire,*	le *Capricorne,*
♍	♎	♏	♐	♑

le *Verseau,*	les *Poissons.*
♒	♓

Les deux vers suivants, du poëte Ausone, rappellent ces noms et l'ordre dans lequel les constellations se suivent :

Sunt *Aries, Taurus, Gemini, Cancer, Leo, Virgo,*
Libraque, Scorpius, Arcitenens, Caper, Amphora, Pisces.

121. *Signes du zodiaque.* — Pour indiquer commodément la position du Soleil dans le ciel, les anciens partagèrent le zodiaque, à partir du point équinoxial ♈, en douze parties comprenant chacune, sur l'écliptique, un arc de 30° : ces divisions égales sont les *signes du zodiaque.* Au temps d'Hipparque, ou quelques siècles avant ce grand astronome, les *signes* correspondaient précisément aux *constellations* zodiacales. D'après cette coïncidence, il était naturel d'appeler *signe du Bélier,* la première division du zodiaque ; *signe du Taureau,* la deuxième ; et ainsi de suite. Mais le point équinoxial ♈, au lieu d'être fixe sur l'équateur, se meut dans le sens de la rotation diurne du ciel : depuis Hipparque, il a parcouru environ 30°, et se trouve, aujourd'hui, presqu'à l'extrémité de la constellation des Poissons. Il résulte de ce phénomène, connu sous le nom de *précession des équinoxes,* que *les* 30 *premiers degrés de l'équateur céleste ne renferment plus, comme autrefois, la constellation du Bélier.* Néanmoins, on a conservé, jusque dans ces derniers temps, l'ancienne division en signes, ainsi que les dénominations attribuées à ceux-ci : par exemple, les éphémérides astronomiques annoncent toujours que, le 20 mars, le Soleil entre dans le *signe du Bélier;* et cependant, à cette époque, le Soleil est, depuis près d'un mois, dans la *constellation des Poissons.* Ce défaut de concordance entre les constellations et les signes exposerait, si l'on n'en était averti, à de graves erreurs.

122. *Sens direct.* — *Sens rétrograde.* — Si un mouvement, presque parallèle à l'équateur céleste, a lieu dans *l'ordre des signes,* les astronomes disent qu'il est *direct;* dans le cas contraire, ils l'appellent *rétrograde.* Ainsi, le mouvement annuel du Soleil est *direct;* le mouvement diurne apparent est *rétrograde;* le mouvement de rotation de la Terre, de sens contraire à celui de ce mouvement apparent du ciel, est *direct, etc.* Nous verrons bientôt que le mouvement annuel du Soleil n'est qu'une illusion, due à la translation de la Terre dans l'espace. D'ailleurs, ce mouvement réel de la Terre a lieu dans le sens du mouvement apparent du Soleil : c'est pourquoi celui-ci est regardé comme direct*.

Orbite apparente du Soleil. Lois de Kepler.

123. Jusqu'à présent nous n'avons eu d'égard qu'au mouvement *angulaire* annuel du Soleil ; c'est-à-dire que nous avons considéré le mouvement d'une droite menée de l'œil d'un observateur (ou plutôt du centre de la Terre) au centre du Soleil. Nous avons trouvé que cette droite ne sort pas d'un certain plan, incliné d'environ 23° $\frac{1}{2}$ sur l'équateur : la trace de ce plan sur la sphère céleste est la circonférence appelée *écliptique*. L'écliptique est donc pour nous, quant à présent, la *perspective sphérique* de la courbe que le centre du Soleil paraît décrire autour du centre de la Terre, dans l'espace d'un an. Essayons de reconnaître la nature de cette courbe, connue sous les noms de *trajectoire*, d'*orbite* ou d'*orbe* du Soleil.

124. *Diamètre apparent.* — Si le Soleil était toujours à la même distance de la Terre, son diamètre apparent serait invariable. Il n'en est pas ainsi, et ce diamètre, dont la valeur

* Si le lecteur avait de la peine à saisir cette *identité de sens* entre le mouvement *annuel apparent* du Soleil et le mouvement *annuel réel* de la Terre, il s'en rendra compte par les deux figures ci-jointes.

Dans la première, la Terre est supposée au centre de l'écliptique, sur laquelle le Soleil occupe, successivement, les positions S, S', S'',..., en suivant l'*ordre des signes*.

Dans la seconde figure, on suppose, conformément à la réalité, que le Soleil est le centre du mouvement. Pour avoir les positions de la Terre, correspondant à celles que le Soleil occupait dans la première figure, prenons *st égale et parallèle* à ST, et dirigée *dans le sens* de cette dernière droite ; prenons, de même, *st'* égale et parallèle à S'T, et

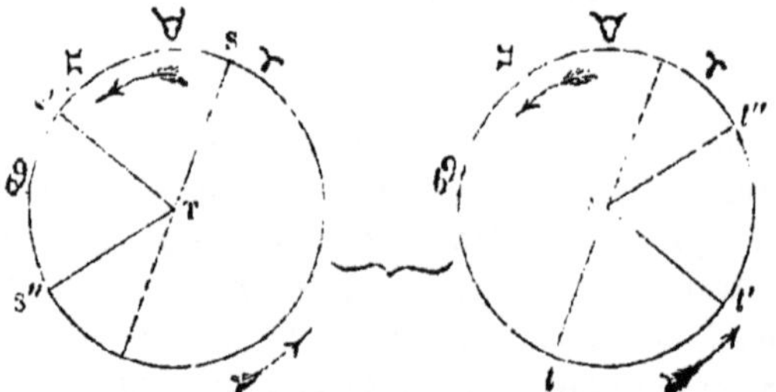

dirigée dans le même sens ; et ainsi de suite. La courbe *tt't''*... sera égale à SS'S''..., et, comme l'indiquent les flèches, le mouvement *apparent* du Soleil et le mouvement *réel* de la Terre auront lieu dans le même sens.

En outre, comme les prolongements de TS et de *ts* doivent *correspondre au même point du ciel,* les signes du zodiaque sont disposés de la même manière dans les deux figures.

moyenne est égale à 32′, varie entre 31′ 31″,01 et 32′ 35″,58. Conséquemment, la droite menée du centre de la Terre au centre du Soleil, ou le *rayon vecteur* de l'orbite solaire, n'a pas une longueur constante.

On trouve que cette distance varie à fort peu près en raison inverse du demi-diamètre apparent.

125. Après avoir marqué sur une circonférence *abcd*, que nous regarderons comme représentant l'écliptique, la position apparente du Soleil pour chaque jour, portons, sur les *rayons vecteurs* ainsi déterminés de direction, des longueurs proportionnelles aux inverses des demi-diamètres apparents ; les extrémités de ces rayons sont situées sur une courbe ASP *semblable* à la trajectoire du Soleil. On vérifie ainsi cette première *loi de Kepler* : *L'orbite apparente du Soleil est une ellipse dont le centre de la Terre occupe un des foyers.*

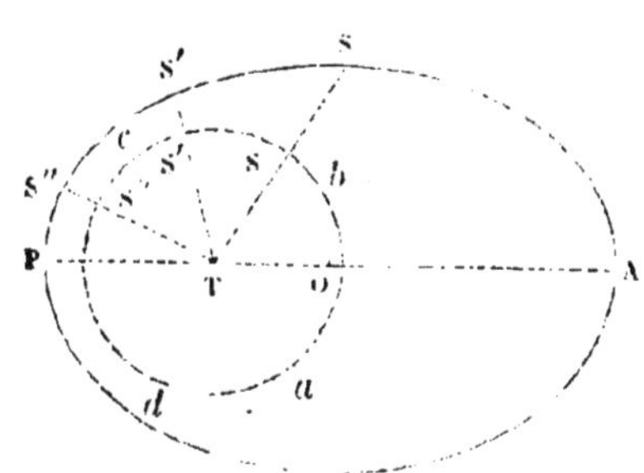

126. *Principe des aires.* — Non content d'avoir découvert la nature de l'orbite solaire*, le digne précurseur de Newton indiqua la loi suivant laquelle le rayon vecteur se meut dans le plan de cette orbite. Il reconnut que les *secteurs elliptiques* STS′, S′TS″, S″TS‴,... sont équivalents, s'ils correspondent à des intervalles de temps égaux entre eux. La deuxième loi de Kepler peut donc être énoncée ainsi : *Les aires décrites par le rayon vecteur sont proportionnelles aux temps.*

127. *Périgée. — Apogée. — Ligne des apsides.* — Dans toute ellipse, les points situés le plus près ou le plus loin d'un des foyers, sont les extrémités du grand axe. Quand il s'agit de l'orbite solaire, le sommet le plus rapproché de la Terre prend, pour cette raison, le nom de *périgée ;* l'autre est l'*apogée*. Enfin, le grand axe de l'orbite est appelé *ligne des apsides,* parce que ses extrémités P, A sont quelquefois désignées, en commun, sous ce dernier nom.

Les mesures du diamètre apparent du Soleil, dont nous parlions tout à l'heure, prouvent que cet astre passe au périgée vers le 1er janvier, et à l'apogée vers le 2 juillet.

* Ou plutôt celle des *orbites planétaires*.

128. *Excentricité de l'orbite solaire.* — La *forme* d'une ellipse dépend uniquement de l'*excentricité* de cette courbe, c'est-à-dire du rapport entre la distance des foyers et le grand axe. On a trouvé que l'excentricité de l'orbite solaire est, à fort peu près, $e = 0{,}016\,775$.

Cette valeur de l'excentricité donne, pour le rapport des axes de l'orbite,

$$\frac{b}{a} = 0{,}999\,85.$$

On voit que l'ellipse solaire diffère très-peu d'un cercle dont la Terre occuperait le centre.

Variations dans la vitesse du Soleil.

129. D'après la deuxième loi de Kepler, les secteurs décrits chaque jour, par le rayon vecteur mené du centre de la Terre au centre du Soleil, sont équivalents. Or, chacun de ces secteurs elliptiques, différant très-peu d'un secteur circulaire, est sensiblement proportionnel au carré de son rayon vecteur et à son angle. Conséquemment, l'*angle dont le rayon vecteur solaire tourne autour de la Terre en un jour est d'autant plus petit, que ce rayon vecteur est plus grand*. En d'autres termes : *de l'apogée au périgée, la vitesse angulaire du Soleil croît. Elle atteint son maximum à cette dernière époque, pour décroître ensuite.*

Parallaxe du Soleil.

130. Quand il s'agit des étoiles, il est absolument indifférent, à cause de leur énorme distance de la Terre, de supposer l'observateur à la surface de celle-ci, ou d'imaginer un observateur fictif, placé sur la même verticale que le premier, mais au centre du globe. Pour le Soleil, et pour les autres astres appartenant à *notre système*, il n'est plus permis de négliger le rayon terrestre, et les observations doivent toujours être rapportées au centre de la Terre. Il en est ainsi, en particulier, à l'égard des distances zénithales; la correction qu'on leur doit faire subir porte le nom de *parallaxe*.

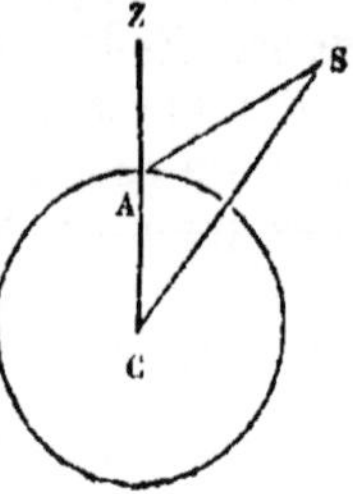

Ainsi, soit Z la distance zénithale d'un astre S, relative à un lieu A; soit Z_1 ce que deviendrait cette distance, si l'observateur pouvait se transporter au centre C de la Terre : la différence $Z - Z_1 = p$ est la *parallaxe* de l'astre.

On peut définir autrement cette correction. Dans le triangle ACS, l'angle extérieur ZAS est la somme des deux angles intérieurs qui y sont opposés ; donc $Z - Z_1 = p = ASC$: la *parallaxe* ACS *d'un astre est l'angle sous lequel un observateur, placé au centre de cet astre, verrait le rayon terrestre* CA.

131. *Parallaxe horizontale.* — La parallaxe atteint son maximum quand l'angle Z est droit, c'est-à-dire quand l'astre est à l'horizon du lieu A. Ce maximum est appelé *parallaxe horizontale* : on prouve aisément que la parallaxe horizontale d'un astre est égale au rapport entre le rayon de la Terre et la distance du centre de la Terre au centre de l'astre. Il est donc fort important de pouvoir déterminer cette parallaxe : quand elle est connue, la distance cherchée l'est aussi.

Par une méthode dans le détail de laquelle nous n'entrerons pas, on a trouvé que la parallaxe horizontale du Soleil est

$$P = 8'',57 *.$$

Distance du Soleil à la Terre.

132. De la valeur trouvée pour la parallaxe P, on conclut que la distance d de la Terre au Soleil est déterminée par la formule

$$d = \frac{r}{\pi} \cdot \frac{648\,000}{8,57} = 24\,068\, r^{**},$$

dans laquelle r représente le rayon terrestre. La distance du Soleil à la Terre est donc environ 24 068 fois le rayon de celle-ci***. En ayant égard à la valeur de ce rayon, on

* Des expériences sur la vitesse de la lumière, faites par Léon Foucault, lui ont fait adopter, au lieu de cette valeur,

$$P = 8'',86.$$

(*Académie des sciences,* 22 septembre 1862.)

** Si l'on remplace 8,57 par 8,86, on trouve

$$d = 23\,280\, r.$$

« Ainsi, comme le dit Foucault, la distance moyenne de la Terre au Soleil se trouve diminuée environ de $\frac{1}{30}$. »

*** L'*incertitude* sur cette distance est de ± 113 rayons terrestres. D'ailleurs, le rayon dont il s'agit ici est celui de l'équateur, c'est-à-dire celui qui est égal à 6 377 398 mètres.

trouve que *la distance de la Terre au Soleil est d'environ 153 500 000 kilomètres*. Si un mobile, parti de la Terre, parcourait uniformément 75 kilomètres par heure, ce qui est à peu près la plus grande vitesse des locomotives, il lui faudrait *plus de deux cents ans* pour arriver au Soleil. Cependant, ainsi que nous le démontrerons plus tard, la lumière du Soleil nous parvient en $8^m 13^s$.

Rayon et volume du Soleil.

133. Les plus simples notions de Trigonométrie prouvent que *le rayon d'un astre et celui de la Terre sont, à fort peu près, proportionnels au demi-diamètre apparent et à la parallaxe.*

Pour le Soleil, $\delta = 32'$, $P = 8'',57$; donc

$$\frac{R}{r} = \frac{16'}{8'',57} = \frac{960}{8,57} = 112^*.$$

Ainsi, le *rayon du Soleil est égal à 112 fois celui de la Terre.* Par suite, les volumes de ces corps sont entre eux comme 112^3 est à 1 ; c'est-à-dire que *le volume du Soleil est environ 1 405 000 fois plus considérable que celui de la Terre***.

134. *Remarque.* — Les résultats auxquels nous venons d'arriver nous montrent, dès à présent, qu'il est presque impossible de représenter le *système solaire* par des *modèles en relief* dans lesquels les proportions seraient conservées. En effet, si l'on figurait la Terre par une petite balle ayant *un centimètre* de rayon, le Soleil deviendrait un globe placé à 241 mètres de la balle, et qui aurait pour diamètre $2^m,24$.

* Les expériences de Foucault réduisent ce nombre à $\frac{960}{8,86} = 108,4$. Par suite, le volume du Soleil ne serait que 1 272 074 fois celui de la Terre.

** L'illustre auteur de l'*Astronomie populaire* rapporte qu'un professeur d'Angers, voulant donner à ses élèves une idée sensible de la grandeur de la Terre comparée à celle du Soleil, imagina de compter le nombre de grains de blé, de grandeur moyenne, contenus dans un litre : il en trouva 10 000. Conséquemment, 14 décalitres doivent en contenir 1 400 000. Ayant alors rassemblé en un tas les 14 décalitres de blé, il mit en regard un seul grain ; puis il dit à ses auditeurs : « Voici la Terre et voici le Soleil. »

Masse et densité du Soleil.

135. Des considérations théoriques, dont nous parlerons plus tard, prouvent que la *masse* du Soleil est environ 355 500 fois celle de la Terre. Si ces deux corps avaient des volumes égaux, le Soleil *pèserait* donc 355 500 fois plus que notre planète. Mais, comme son volume est égal à celui de cette dernière multiplié par 112^3 (133), son *poids spécifique* ou sa *densité moyenne* est

$$\frac{355\,500}{112^3} = 0{,}253,$$

la densité de la Terre étant prise pour unité. Enfin, le poids spécifique de notre planète étant 5,44, d'après la célèbre expérience de Cavendish, il s'ensuit que *le Soleil n'est guère plus dense que l'eau.*

Taches du Soleil. Rotation du Soleil sur lui-même.

136. Quand on observe le Soleil, soit au moyen d'une lunette munie de verres colorés, soit même à l'aide d'un simple verre noirci à la fumée, on remarque assez souvent, sur son disque, des taches noires dont la disposition est irrégulière. Si l'on continue l'observation pendant plusieurs jours, on reconnaît bientôt qu'une même tache, après avoir apparu sur le bord *oriental* du disque*, se rapproche du centre, s'avance vers le bord occidental, et enfin disparaît au bout d'environ *quatorze* jours, pour reparaître quatorze jours après avoir disparu. Ce mouvement n'est pas uniforme : sa vitesse, assez faible quand la tache est au bord oriental du disque, s'accélère de plus en plus pour diminuer ensuite. Ces diverses circonstances permettent de supposer que les taches font, jusqu'à un certain point, corps avec le Soleil, et que cet astre a un mouvement de rotation, analogue à celui de la Terre, dont la durée *apparente* est de $27^j,3$.

Nous disons la *durée apparente,* parce que la durée *réelle* est inférieure à $27^j,3$. Soit, en effet, a une tache qui ait passé, à un certain moment, au centre du disque solaire. Au bout de $27^j,3$, elle sera revenue au centre du disque, en a'. Mais, pendant qu'elle a participé au mouvement de rotation du Soleil sur lui-même, celui-ci a tourné autour de la Terre T : il s'est

* C'est-à-dire à la *gauche* de l'observateur.

transporté de S en S′. Par conséquent, l'arc décrit par la tache se compose d'une circonférence entière, plus le petit arc ba' obtenu en menant $S'b$ parallèle à SaT.

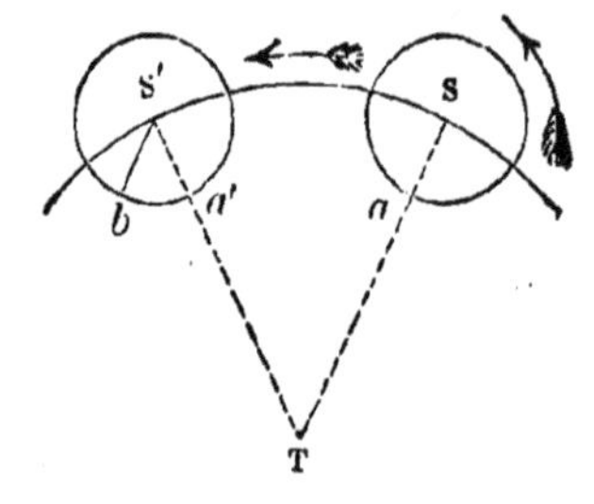

En discutant les résultats d'un grand nombre d'observations, M. Laugier a trouvé, pour la durée de la rotation du Soleil, 25j,54. Il a reconnu, en même temps, que l'*axe du Soleil* fait, avec le plan de l'écliptique, un angle de 82° 50′ 48″.

137. Si l'axe de rotation était rigoureusement perpendiculaire au plan de l'écliptique, les circonférences décrites par les taches nous apparaîtraient suivant des lignes droites, parallèles entre elles. Mais, comme ces courbes sont en général *vues obliquement*, elles doivent presque toujours se présenter sous l'aspect d'ellipses très-aplaties, dont l'arc visible est tantôt convexe vers le pôle nord du Soleil, tantôt convexe vers le pôle sud. Au 1er décembre et au 1er juin, les taches paraissent décrire des lignes droites : à ces deux époques la Terre est donc dans le plan de l'équateur solaire.

Résumé.

Le Soleil paraît s'avancer chaque jour dans le ciel, d'occident en orient, de manière à revenir, au bout d'environ 365 jours solaires, à son point de départ.

Ascension droite, déclinaison d'un astre, signifie ascension droite ou déclinaison du centre de son disque, ce centre étant pris pour point de repère dans les observations.

Le mouvement du Soleil, en ascension droite, est d'à peu près 1° par jour sidéral : l'*année sidérale* est de 366 jours, tandis que l'*année solaire* n'est que de 365 environ.

La déclinaison du Soleil augmente du 20 mars au 21 juin, et diminue du 22 juin au 22 septembre, où elle devient nulle; elle atteint un second maximum le 21 décembre, et redevient nulle le 20 mars suivant

L'*écliptique* est une circonférence de grand cercle, dont le plan est incliné de 23° 27′ 15″,3 sur l'équateur; elle représente, sur un globe céleste, la route apparente du Soleil.

Son *obliquité* est égale à la plus grande déclinaison du Soleil.

Les *équinoxes* ou points *équinoxiaux* sont les points d'intersection de l'écliptique et de l'équateur céleste.

Il y a deux équinoxes : l'*équinoxe de printemps*, le 20 mars, et l'*équi-*

noxe *d'automne*, le 22 septembre, et deux *solstices*, qui sont les points de l'écliptique où le Soleil semble s'arrêter : le *solstice d'été*, le 21 juin, et le *solstice d'hiver*, le 21 décembre.

Les *tropiques* sont les parallèles que le Soleil semble décrire en 24 heures sidérales, aux époques des solstices. L'un est le *tropique du Cancer*, l'autre, le *tropique du Capricorne*.

L'*axe de l'écliptique* est une perpendiculaire au plan de l'écliptique, menée par le centre de la sphère céleste.

Les *pôles de l'écliptique* sont les points où cette perpendiculaire rencontre la surface de la sphère.

Les *cercles polaires célestes* sont deux parallèles passant par les pôles de l'écliptique.

Les *colures* sont deux cercles horaires, perpendiculaires entre eux, et passant, l'un par les équinoxes, l'autre par les solstices.

Le *zodiaque* est une zone de la sphère céleste, large de 17°, partagée en deux parties symétriques par l'écliptique.

On le divise en douze parties égales, comprenant chacune, sur l'écliptique, un arc de 30°; on les appelle les *douze signes du zodiaque*.

L'*orbite apparente du Soleil* est une ellipse dont le centre de la Terre occupe un des foyers. (Première loi de Kepler.)

Les *aires décrites par le rayon vecteur* sont proportionnelles aux temps. (Deuxième loi de Kepler.)

Le sommet de l'orbite solaire le plus rapproché de la Terre s'appelle *périgée;* l'autre est l'*apogée*. Le grand axe de l'orbite porte le nom de *ligne des apsides*.

L'excentricité de l'orbite solaire est à peu près 0,016775.

De l'apogée au périgée, la vitesse angulaire du Soleil croît. Elle atteint son maximum à cette dernière époque, pour décroître ensuite.

La *parallaxe* d'un astre est l'angle sous lequel un observateur, placé au centre de cet astre, verrait le rayon terrestre.

La *distance* de la Terre au Soleil est d'environ 153 500 000 kilomètres.

Le *rayon* du Soleil est égal à 112 fois celui de la Terre.

Le *volume* du Soleil est environ 1 405 000 fois plus considérable que celui de la Terre.

Sa *masse* est environ 355 500 fois celle de Terre.

Sa *densité* est à peu près 0,253, la densité de notre planète étant prise pour unité.

Le *disque* du Soleil est *parsemé de taches* disposées irrégulièrement.

Le Soleil a un *mouvement de rotation apparente* dont la durée est de $27^j,3$.

CHAPITRE V.

Notions sur la mesure du temps (138-144). — Année tropique (145, 146). — Calendrier (147-156).

Temps solaires vrai et moyen.

138. *Jour solaire vrai.* — Jusqu'à présent, nous avons pris pour unité le *jour sidéral,* ou le temps qui s'écoule entre deux passages successifs d'une étoile au méridien. Si le Soleil n'avait pas un mouvement propre; si, après avoir passé au méridien, il y revenait au bout de 24 *heures sidérales,* il n'y aurait pas lieu de chercher une autre mesure du temps. Mais il n'en est pas ainsi : la durée de la révolution diurne du Soleil surpasse d'environ 4 minutes le jour sidéral (109). D'ailleurs, comme cet astre règle toutes nos occupations, il est à peu près indispensable d'évaluer le temps au moyen du *jour solaire vrai,* ou de l'intervalle compris entre deux passages consécutifs du Soleil au même méridien.

139. *Inégalités du jour vrai.* — Les observations prouvent que, *du périgée à l'apogée, la vitesse angulaire du Soleil va en diminuant*, et qu'*elle augmente depuis l'époque de l'apogée jusqu'à celle du périgée. Le Soleil ne décrit donc pas, chaque jour, un même arc de l'écliptique* *. On conçoit que cette variation dans la vitesse du Soleil puisse en amener une dans la durée du jour *vrai* **.

140. La cause principale de l'inégalité des jours solaires est l'obliquité de l'écliptique : lors même que la vitesse angulaire du Soleil serait constante, la durée du jour vrai ne le serait pas, attendu qu'à des divisions égales de l'écliptique ne répondent pas, en général, des divisions égales de l'équateur.

141. *Jour solaire moyen.* — Puisque le jour solaire vrai n'a pas une durée constante, nos horloges et nos montres, dont le mouvement doit être uniforme, ne peuvent s'accorder con-

* Le mot *écliptique* signifie ici : *la circonférence que le Soleil paraît décrire sur la sphère céleste.*

** Il est bon d'observer cependant que, si le jour vrai était toujours de même longueur, la vitesse angulaire du Soleil irait en diminuant, des équinoxes aux solstices.

stamment avec le Soleil *. Cependant, il est essentiel que le temps civil, qu'elles indiquent, diffère peu du *temps vrai*. Voici comment les astronomes ont satisfait à cette condition.

Supposons qu'au moment où le Soleil S part du périgée, un *Soleil fictif* S' en parte également, et qu'il parcoure le cercle écliptique d'un *mouvement uniforme*, de manière à revenir au périgée en même temps que le *Soleil vrai*. Au commencement, la vitesse angulaire du Soleil fictif étant moindre que celle du Soleil vrai, le premier astre *retardera*, chaque jour, sur le second. Mais comme la première vitesse est constante, tandis que la seconde décroît sans cesse, le *retard* journalier diminuera de plus en plus, et les deux astres arriveront ensemble à l'apogée. A partir de cette époque, les mêmes choses se reproduiront en sens contraire; c'est-à-dire que le Soleil fictif *avancera* sur le Soleil vrai, jusqu'à ce qu'ils repassent à leur point de départ. Et ainsi de suite.

Si l'écliptique coïncidait avec l'équateur, ce Soleil fictif S' atteindrait le but proposé, car *il ne participe pas aux irrégularités dues au mouvement elliptique du Soleil vrai;* mais l'écliptique fait, avec l'équateur, un angle d'environ $23^{\circ}\frac{1}{2}$: il reste donc encore à corriger les variations provenant de cette obliquité.

Pour cela, soit un *second Soleil fictif* S'' qui parte de l'équinoxe de printemps avec l'autre Soleil fictif S', et qui parcoure l'équateur avec une vitesse angulaire constante, égale à celle de S'. Cet astre fictif S'', ou ce *Soleil moyen équatorial*, passera au méridien d'un même lieu, après des intervalles de temps qui seront tous égaux entre eux; chacun d'eux est ce qu'on appelle le *jour solaire moyen*.

142. *Temps vrai. — Temps moyen.* — Indépendamment du *temps sidéral*, on considère donc le *temps vrai*, indiqué par le *Soleil vrai*, et le *temps moyen*, indiqué par le *Soleil moyen*. D'après ce qui précède, il est clair que les horloges et les montres doivent être réglées sur le temps moyen. Par exemple, elles doivent marquer le *midi moyen* et non le *midi vrai* **.

* Il n'y a pas encore longtemps, beaucoup de personnes disaient, croyant faire l'éloge de leur montre : *Elle marche comme le Soleil!* Aujourd'hui les notions astronomiques sont assez vulgarisées pour que tout le monde sache qu'une pareille montre *marcherait* très-mal.

** Il est déplorable qu'à Paris il y ait des différences de *plus d'un quart d'heure* entre les indications des horloges publiques. Il ne serait pas bien difficile cependant, au moyen de l'électricité, de faire correspondre les principales horloges avec l'Observatoire, ainsi que cela se fait, depuis longtemps, à Bruxelles, Liége, Gand et dans quelques autres villes.

143. *Temps moyen à midi vrai.* — La *Connaissance des Temps* et l'*Annuaire du bureau des Longitudes* donnent, pour chaque jour, l'*heure qu'une montre, réglée sur le temps moyen, doit indiquer à midi vrai;* c'est là ce que signifie cette locution elliptique : *temps moyen à midi vrai.* Le midi vrai et le midi moyen concordent, à fort peu près, quatre fois par an : le 15 avril, le 14 juin, le 31 août et le 24 décembre. Pendant le reste de l'année le Soleil moyen avance ou retarde sur le Soleil vrai, d'une quantité qui peut s'élever presque à 17 minutes, et qui atteint ses maximums le 11 février, le 15 mai, le 26 juillet et le 2 novembre *.

144. *Commencement du jour civil et du jour astronomique.* — Les Français, les Anglais, les Espagnols, etc., font commencer le jour civil à *minuit,* et ils le partagent en deux périodes de 12 heures. Les astronomes comptent 24 heures entre deux *midis* consécutifs : le commencement du jour astronomique moyen est postérieur de 12 heures au commencement du jour civil. Ainsi, *le 6 mai, à 22 heures,* signifie, en langage ordinaire, *le 7 mai, à 10 heures du matin.*

Année tropique et année sidérale.

145. *Année tropique.* — C'est l'intervalle de temps qui s'écoule entre deux retours consécutifs du Soleil à l'équinoxe de printemps. D'après Delambre, sa durée, à l'époque actuelle, est de 365,242 264 *jours moyens* **.

146. *Année sidérale.* — C'est le temps que le Soleil emploie à revenir au même point du ciel. A cause de la *précession des équinoxes,* l'année sidérale est un peu plus longue que l'année tropique.

Considérons, en effet, le mouvement apparent du Soleil vrai sur l'écliptique *circulaire* ABC, dont la Terre occupe le centre T. Soit E la position de l'équinoxe pour une certaine année, c'est-à-dire le *point de l'écliptique dont l'ascension droite*

* Ces dates se rapportent à l'année 1868.

** L'unité *fondamentale,* celle qui résulte de l'observation, étant le jour *sidéral,* il y a peut-être lieu de s'étonner que Delambre ait pris, pour point de départ, l'évaluation de l'année tropique en jours *moyens.* Il ne m'a pas été possible de savoir si *cet excellent astronome* (expression employée avec raison par Biot) a obtenu *directement* le nombre indiqué dans le texte, ou s'il y est parvenu par une *réduction* du temps sidéral en temps moyen,

et la déclinaison sont nulles. Au bout d'une *annee tropique*, le Soleil passera, de nouveau, de l'hémisphère austral dans l'hémisphère boréal, en sorte que sa déclinaison sera redevenue nulle. Mais son ascension droite, au lieu d'être égale à 360°, sera 360° — 50″,10 : le nouvel équinoxe E′ ne coïncidera donc pas avec l'ancien ; et, pour que l'image du Soleil soit revenue dans sa position primitive E, il lui faudra parcourir le petit arc E′E, égal à 50″,10. Le temps employé par le rayon vecteur TE′ à décrire l'angle E′TE constitue l'*excès* ε *de l'année sidérale sur l'année tropique.* On a trouvé ε = 0,014 119. Conséquemment,

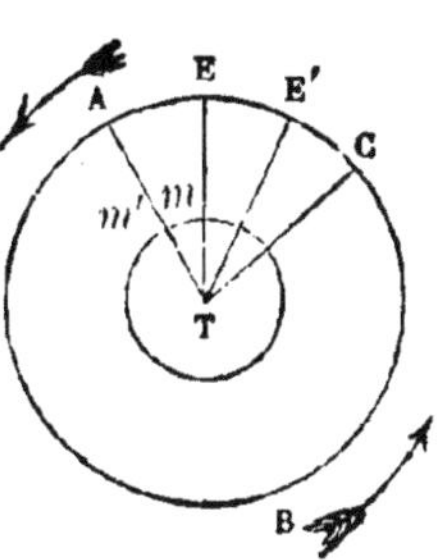

Année sidérale = 365,256383 jours moyens.

Du calendrier.

147. On donne en général le nom de *calendrier* à un tableau contenant la répartition d'une ou de plusieurs années *civiles*, en jours, semaines et mois, et l'indication des principaux phénomènes astronomiques qui peuvent intéresser la société *. Dans beaucoup de contrées, le calendrier donne, en outre, les dates des principales fêtes catholiques.

148. *Longueur de l'année civile.* — « La partie capitale, dans un calendrier, est la fixation du nombre de jours compris dans l'année civile. Comme l'année tropique ne contient pas un nombre exact de jours moyens ; comme *son excès sur* 365 *de ces jours est très-probablement incommensurable,* il a fallu, de toute nécessité, faire l'année civile plus longue ou plus courte que l'année tropique : de là les calendriers *égyptien, julien, grégorien, etc.* »

149. *Calendrier égyptien.* — « On pense que les Égyptiens firent primitivement usage d'une année de 360 jours, partagée en 12 mois de 30 jours chacun. Comme elle différait de l'année tropique d'environ 5 jours et un quart, l'équinoxe de prin-

* Il serait plus exact d'appeler *annuaires* ces tableaux vulgairement connus sous le nom d'*almanachs*, et de réserver le nom de *calendrier* à l'ensemble des règles qui permettent de dresser un annuaire.

temps se trouvait, chaque année, *en retard* de 5j $\frac{1}{4}$ sur la date à laquelle il était tombé l'année précédente. Au bout d'environ 70 ans, ce phénomène astronomique, après être arrivé successivement à 70 *dates différentes,* recommençait à la date primitive. »

150. « Plus tard, l'année égyptienne fut portée à 365 jours, en sorte que la quantité dont elle différait, *en moins,* de l'année tropique, n'était plus que d'à peu près $\frac{1}{4}$ de jour. Le défaut dont nous venons de parler subsistait encore, quoique à un moindre degré. Ainsi, l'arrivée du Soleil à l'équinoxe de printemps, après avoir eu lieu, je suppose, le 21 mars d'une certaine année, avait lieu, au bout de quatre ans, le 22 mars, puis, au bout de huit ans, le 23 mars, et ainsi de suite. Ce retard d'un jour en quatre ans en produisait un d'*une année tropique* en 1460 *années égyptiennes;* cette période, dans laquelle tous les jours de l'année ont vu successivement commencer le printemps, portait chez les anciens le nom de *période sothiaque.* Quant à cette année de 365 jours, on l'a très-justement appelée *année vague.* »

151. *Année romaine.* — « L'année romaine se composait, sous Romulus, de 304 jours. Sous Numa, elle fut portée à 355 jours. Après l'introduction du mois intercalaire *mercédonius,* elle fut de 366.

« De là, un désaccord toujours croissant entre le commencement de l'année civile et celui de l'année astronomique, malgré le mois mercédonius créé tout exprès pour remédier à cet inconvénient. En désespoir de cause, on se décida à conférer aux pontifes le droit de donner au mois intercalaire le nombre de jours que les circonstances rendraient nécessaire. A partir de ce moment, le calendrier devint un moyen de corruption et de fraude : Cicéron nous apprend qu'à l'aide de ce pouvoir discrétionnaire, les pontifes prolongeaient la durée de la magistrature de leurs amis, ou abrégeaient celle de leurs ennemis; qu'ils faisaient, suivant leur bon plaisir, avancer ou retarder les échéances; qu'ils favorisaient les bénéfices des fermiers du fisc ou aggravaient leurs pertes.

« L'ignorance, la superstition, la fraude avaient tellement empiré les choses, qu'on en était arrivé à célébrer au printemps les fêtes d'automne qui portaient le nom d'*autumnalia,* et celles de la moisson dans le milieu de l'hiver. »

152. *Calendrier julien.* — « Jules César résolut de porter remède à tous ces désordres, et d'établir une intercalation ré-

gulière, invariable, exempte d'arbitraire, qui les prévînt à l'avenir. Un astronome égyptien, Sosigène, lui prêta son concours, et leur travail commun conduisit à ce qu'on est convenu d'appeler *réformation julienne,* du nom de Jules César.

« L'idée de régler l'année civile sur une période dans laquelle il y aurait un nombre fractionnaire de jours, dut être rejetée de prime abord par l'esprit éminemment judicieux de César.

« Supposons, en effet, que l'année civile eût été réglée sur une durée de 365j $\frac{1}{4}$, et qu'une certaine année de ce nouveau calendrier eût eu pour origine le 1er janvier à minuit; l'année suivante aurait commencé à six heures du matin, l'année d'après à midi : ce n'eût été qu'après une période de quatre ans que le commencement fût revenu à minuit. On conçoit, sans que nous insistions davantage, tous les inconvénients qui seraient résultés d'un commencement d'année variable avec la date.

« Une seconde condition à laquelle il fallait satisfaire, pour que les années se prêtassent à une facile transformation en un nombre équivalent de jours, était que l'*intercalation* s'opérât d'une manière régulière et simple. On peut affirmer que cette condition est remplie dans le calendrier julien.

« Pour réparer le mal qui était résulté de la longueur défectueuse donnée au mois intercalaire mercédonius, et des mauvaises pratiques des pontifes, César assigna à l'an 708 de Rome une durée de 445 jours. Ces 445 jours se composèrent de l'année ordinaire, d'un mercédonius de 23 jours et de deux mois intercalaires, l'un de 33 jours, l'autre de 34, qui furent placés entre novembre et décembre.

« L'année où s'opéra cette réforme s'appela l'*année de confusion.* C'est la quarante-sixième avant notre ère.

« La réforme julienne fixa la longueur de l'année astronomique à 365j,25. Le mercédonius disparut, et les jours dont on eut alors à disposer furent répartis de manière à choquer le moins possible les idées et les préjugés des Romains. Ainsi, février conserva ses 28 jours : en lui en donnant 30, on eût cru compromettre le salut de l'État. Sept mois, et non plus seulement cinq, comptèrent dès lors 31 jours : les nouveaux mois portés à la dignité de *menses majores,* de grands mois, furent les mois *sextilis* et décembre.

« Après que Jules César eut réformé le calendrier, Marc-Antoine, alors consul, fit décréter que, pour perpétuer la mémoire d'un pareil bienfait, le mois *quintilis,* dans lequel César était né, prendrait le nom de *Julius* (juillet).

« Plus tard (en l'an 730 de Rome), le sénat décida, comme nous l'apprend Macrobe, qu'en mémoire des nombreux services qu'Auguste rendit à l'empire pendant le mois *sextilis,* ce mois s'appellerait *Augustus* (août).

« Ces deux changements de noms furent acceptés. De là les tentatives que firent Tibère, Claude, Néron, Domitien, pour inscrire leurs noms dans le calendrier. Heureusement le monde n'a pas eu à souffrir cette ignominie.

« Jules César et Sosigène placèrent le jour complémentaire dans le mois de février ; mais la hardiesse ne fut pas aussi grande qu'elle le parut d'abord ; ce mois malheureux, ce mois pair, conserva son caractère antique : au lieu de le porter à 29 jours dans les années à intercalation, on lui laissa, en apparence, ses 28 jours primordiaux.

« Il y avait dans ce mois un sixième jour avant les calendes de mars, un jour qu'on appelait *sexto calendas,* dans lequel on célébrait la fête du régifuge, instituée en mémoire de l'expulsion de Tarquin. C'est entre ce jour et la veille qu'on plaça le jour intercalaire, sous le nom de *bis sexto calendas*. De là le nom de *bissextile* donné aux années de 366 jours.

« Les pontifes successeurs de César furent chargés de présider à l'exécution de la réforme qu'il avait établie ; mais ils se trompèrent en considérant chaque bissextile écoulée comme faisant partie des quatre années qui devaient fixer la bissextile suivante ; en sorte qu'en réalité les bissextiles revenaient de trois en trois ans.

« Ainsi ces graves personnages... ne comprirent pas qu'il fallait multiplier $\frac{1}{4}$ par 4 pour obtenir 1. Cette erreur dans l'application de la réforme julienne dura trente-six ans. Auguste y apporta alors remède, en retranchant les bissextiles de trop qu'on avait introduites dans cette période. » (ARAGO, *Annuaire* pour l'année 1851.)

153. *Calendrier grégorien.* — Nous venons de voir que la *réforme julienne* supposait l'année moyenne égale à 365,25 jours moyens, tandis qu'elle se compose de 365j,242 264.

L'année civile, au lieu d'être plus courte que l'année tropique, comme dans le calendrier égyptien, était plus longue que celle-ci de 0j,007 736. Cette légère erreur, en s'accumulant, en produisait une d'environ 1 jour au bout de 129 ans ; de sorte que l'équinoxe de printemps, fixé au 21 mars par le concile de Nicée (en 325), arrivait le 20 mars en l'an 454, le 19 mars en l'an 583; et ainsi de suite. Vers la fin du quinzième siècle, l'*avance* de l'année civile sur l'année tropique s'élevait à 10 jours environ. Le pape Grégoire XIII, auteur de la *réforme grégorienne,* ordonna donc que le lendemain du 4 octobre 1582 s'appellerait le 15 *octobre* *. Il ordonna, en outre, que toutes les années dont le *millésime* est divisible par 4 seraient bissextiles, à l'exception des années *séculaires* dont le millésime n'est pas divisible par 400. Ainsi, les années 1584, 1588,..., 1600, 1604,..., 1696, 1704,..., 1796, 1804,..., 1860 ont été bissextiles; 1700 et 1800 ont été années *communes :* il en sera de même à l'égard de 1900; mais l'année 2000 sera bissextile.

154. Il est très-facile, d'après ces règles, de trouver quelle est la valeur moyenne de l'année grégorienne. En effet, en 400 ans, il y a 100 — 3 années bissextiles, tandis qu'il y en avait 100 dans le calendrier julien. Le nombre de jours moyens compris dans ces 400 années est donc

$$365 \,.\, 400 + 97;$$

d'où résulte que

$$l'année\ moyenne = 365^{j} + \frac{97}{400} = 365{,}2425 \text{ jours moyens.}$$

En comparant cette dernière valeur à la longueur de l'année tropique, donnée par Delambre, on voit que le calendrier grégorien commet encore une petite erreur, en *plus,* égale à $0^{j},000\,236$. Cette erreur, si elle existe réellement, est tout à fait négligeable : elle ne produirait qu'une *avance* d'un jour en 4000 ans.

155. La réforme grégorienne fut adoptée, successivement,

A *Rome,* le $\frac{5^{**}}{15}$ octobre 1582;

En *France,* le $\frac{10}{20}$ décembre 1582;

* Dans l'ordonnance de Henri III, *publiée à son de trompe* le 10 novembre 1582 (*vieux style*), on lit : « *Nous voulons et ordõnons qu'estant le neufième iour du mois de Decembre prochain expiré, le lendemain que l'on compteroit le dixième, soit tenu et nombré par tous les endroits de nostre Royaume, le vingtième iour dudit mois,* le lendemain vingtvnième... »

** Quand une date est indiquée de cette manière, le nombre supérieur se rapporte au *vieux style*, c'est-à-dire au calendrier julien, et le nombre inférieur, au *nouveau style.*

En *Allemagne*, dans les pays catholiques, en 1584; et dans les pays protestants, en 1600, le $\frac{\text{19 février}}{\text{1}^{\text{er}}\text{ mars}}$;

En *Pologne*, en 1586,

En *Danemark*, en *Suède*, en *Suisse*, au commencement du dix-septième siècle;

Enfin, en *Angleterre*, le $\frac{3}{14}$ septembre 1752.

Les Russes se servent encore du calendrier julien. La discordance entre le *vieux style* et le *nouveau style* s'élève, à présent, à 12 jours.

156. *Calendrier républicain.* — Dans le calendrier julien et dans le calendrier grégorien, le mois de février a 28 ou 29 jours, et les autres mois sont composés tantôt de 30 jours, tantôt de 31 jours *. De plus, les noms servant à désigner les mois rappellent, pour la plupart, un culte qui a fait son temps, ou bien ils désignent un rang différent du leur **. Enfin, les noms des jours de la semaine portent, encore plus que les noms des mois, l'empreinte du paganisme et de l'astrologie ***. Le Conventionnel *Romme* proposa d'abolir toutes ces anciennes dénominations; de faire commencer l'année à l'équinoxe d'automne; de prendre pour *ère* la proclamation de la République ****, et de partager l'année en 12 mois de 30 jours, suivis de 5 ou de 6 *jours complémentaires*. De plus, chaque mois devait être composé de 3 *décades*.

* Le procédé mnémotechnique suivant sert à trouver quels sont les mois de 30 jours et quels sont ceux de 31 jours:

On donne aux doigts de la même main (abstraction faite du pouce), et aux vides qui les séparent, les noms de *janvier, février, mars,* ....., en commençant par l'index. Tous les mois qui répondent à un doigt ont 31 jours; les autres, à l'exception de février, n'en ont que 30.

** *Janvier* tire son nom de *Janus* (Januarius);

Février vient *peut-être* de *Februo*, le dieu des morts;

Mars était consacré au dieu de ce nom;

Mai était consacré à *Maïa*, la mère de Mercure;

Septembre, octobre, novembre et *décembre* sont ainsi nommés, parce que, dans le *calendrier de Romulus*, ils occupaient respectivement le septième, le huitième, le neuvième et le dixième rang.

*** Tout le monde sait que *lundi* signifie *jour de la Lune; mardi, jour de Mars; mercredi, jour de Mercure; jeudi, jour de Jupiter; vendredi, jour de Vénus; samedi, jour de Saturne*; et que *dimanche* vient de *dies dominica*.

**** Le 22 septembre 1792.

157. Dans le *calendrier républicain,* qui fut en usage du 6 octobre 1793 au 1er janvier 1806, les noms des mois étaient les suivants :

Vendémiaire,	*Nivôse,*	*Germinal,*	*Messidor,*
Brumaire,	*Pluviôse,*	*Floréal,*	*Thermidor,*
Frimaire;	*Ventôse;*	*Prairial;*	*Fructidor.*

Ces dénominations, très-euphoniques, avaient l'avantage de rappeler tout à la fois l'état de l'atmosphère ou celui de la végétation, et la saison à laquelle appartenait le mois; malheureusement, elles n'étaient exactes que pour le climat de la France*. Quant aux jours de la *décade,* ils étaient désignés par *primidi, duodi, tridi, etc.*

Résumé.

On appelle *jour solaire vrai* le temps qui s'écoule entre deux passages consécutifs du Soleil au méridien. Il surpasse d'environ 4 minutes le jour sidéral.

Les *inégalités du jour vrai* sont dues : 1° à la diminution de la vitesse angulaire du Soleil, du périgée à l'apogée, et à son augmentation depuis l'époque de l'apogée jusqu'à celle du périgée ; 2° à l'obliquité de l'écliptique.

Les horloges et les montres indiquent les *jours solaires moyens ;* elles doivent marquer le *midi moyen* et non le *midi vrai.*

Le *jour civil* commence à minuit, le *jour astronomique* à midi.

L'*année tropique* est l'intervalle de temps compris entre deux retours consécutifs du Soleil à l'équinoxe de printemps. Elle est de 365,242..... jours moyens.

L'*année sidérale* est le temps que le Soleil emploie à revenir au même point du ciel. Elle est un peu plus longue que l'année tropique.

* On a beaucoup trop insisté sur cet inconvénient du calendrier de Romme, inconvénient bien faible en compensation des vices nombreux du calendrier grégorien. Pourquoi persister à donner *au douzième* mois le nom de *décembre?* Pourquoi, en plein dix-neuvième siècle, les mois ou les jours portent-ils encore les noms de *Janus,* de *Maïa,* de *Mars,* de *Mercure, etc.?* Pourquoi faire commencer l'année au 1er janvier ? Charles IX, qui introduisit cette *réforme,* n'était probablement pas guidé par des motifs scientifiques; et d'ailleurs le moment du périgée est encore plus difficile à déterminer que celui de l'équinoxe.

Le reproche le plus fondé que l'on puisse adresser aux derniers réformateurs du calendrier, est d'avoir fait la semaine *trop longue :* la période de *sept* jours, en usage chez les Juifs, les anciens Chinois, les Egyptiens et les Arabes, et introduite en Occident vers le troisième siècle, était trop profondément entrée dans les habitudes pour qu'il fût possible d'y ajouter trois jours.

Un *calendrier* est un tableau contenant la répartition d'une ou de plusieurs années civiles, en jours, semaines et mois, avec l'indication des principaux phénomènes astronomiques.

Il y a plusieurs calendriers parce que, l'année tropique ne contenant pas un nombre exact de jours moyens, il a fallu faire l'année civile plus longue ou plus courte que l'année tropique.

Le *calendrier égyptien* contenait d'abord 360 jours, puis 365.

L'*année romaine* se composait d'abord de 304 jours, puis de 355, ensuite de 366. La *réforme julienne*, en l'an 46, fixa la longueur de l'année astronomique à $365^j,25$, répartis entre douze mois de durée inégale.

Il y avait dans le calendrier julien une légère erreur que la *réforme grégorienne* fit disparaître en 1582. Il y eut dès lors, tous les quatre ans, une année bissextile de 366 jours.

Le *calendrier républicain*, qui fut usité de 1793 à 1806, partageait l'année en 12 mois de 30 jours, suivis de 5 ou de 6 jours complémentaires.

CHAPITRE VI.

Inégalité des jours et des nuits (158-162). — Saisons (167-170). — Idée de la précession des équinoxes (180-185). — Mouvements réels de la Terre (171-178).

Du jour et de la nuit.

158. A cause de la petitesse de la Terre, relativement à sa distance du Soleil, les rayons lumineux partis de cet astre et éclairant notre planète peuvent, sans grande erreur, être supposés parallèles à la droite menée du centre du Soleil au centre de la Terre *. Ceux de ces rayons qui *touchent* seulement la sphère terrestre déterminent, sur sa surface, la *ligne de séparation* entre la partie éclairée et la partie obscure. D'après l'hypothèse précédente : 1° *le lieu de ces rayons tangents est un cylindre circonscrit à la sphère terrestre;* 2° *la ligne de séparation d'ombre et de lumière est une circonférence de grand cercle;* 3° *à chaque instant un hémisphère terrestre est éclairé par le Soleil, tandis que l'autre hémisphère est obscur.*

Cela posé, on dit qu'il fait *jour* ** ou qu'il fait *nuit* en

* On verra plus loin que, dans la théorie des éclipses, on ne peut plus supposer les rayons solaires parallèles entre eux.

** Il est à peine nécessaire de faire observer que le mot *jour* est pris ici avec une acception toute différente de celle que nous lui avons attribuée jusqu'à présent.

un lieu déterminé du globe, et à un instant donné, suivant que ce lieu appartient à l'hémisphère éclairé ou à l'hémisphère obscur en cet instant.

159. Si l'écliptique n'était pas inclinée sur l'équateur terrestre, c'est-à-dire si le Soleil était toujours dans le plan de ce dernier cercle, le *jour* serait constamment égal à la *nuit* dans tous les lieux de la Terre. Partout le Soleil se *lèverait* à 6 heures du matin (temps moyen), et se *coucherait* à 6 heures du soir. Mais, par suite de l'obliquité de l'écliptique, le Soleil se comporte, à l'égard d'un lieu déterminé, absolument comme les étoiles : suivant que sa déclinaison est boréale ou australe, il reste au-dessus de l'horizon pendant plus ou moins de 12 heures *. Dans le premier cas, *le jour est plus long que la nuit;* dans le cas contraire, *la nuit est plus longue que le jour.*

160. Pour voir comment la déclinaison du Soleil et la latitude λ du lieu considéré influent sur la durée du jour et de la nuit, soient, comme dans les nos 46 et suivants, O le centre de la sphère céleste, HH′ le cercle d'horizon, PP′ l'axe du monde, EE′ l'équateur. Soit, en outre, CD le parallèle que semble décrire le Soleil S, quand sa déclinaison est CE.

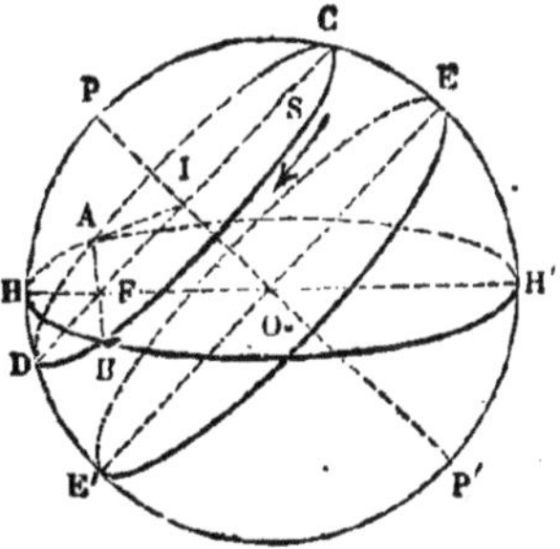

Pour l'observateur placé au point O, le Soleil s'est levé dans la direction OA; sa hauteur au-dessus de l'horizon a augmenté jusqu'à midi, moment où l'astre a rencontré en C le méridien PEP′E′; ensuite cette hauteur a diminué; enfin le Soleil s'est couché dans la direction OB.

Il résulte évidemment de là qu'*en négligeant le rayon de la Terre,* la durée du jour et celle de la nuit sont proportionnelles à l'arc *visible* ACB et à l'arc *invisible* BDA. *Quand ces deux arcs sont égaux entre eux, le jour est égal à la nuit.* Or, le parallèle ACBD ne peut être partagé en deux parties égales par l'horizon HH′ que dans deux cas : 1° lorsqu'il se confond

* On suppose que le lieu considéré appartient à l'hémisphère *nord.* Pour tout point de l'autre hémisphère, le jour est plus long ou plus court que la nuit, selon que la déclinaison du Soleil est australe ou boréale.

avec l'équateur céleste; 2° quand ce parallèle est perpendiculaire à l'horizon HH'. Ainsi : 1° *aux moments des équinoxes, le jour est égal à la nuit, dans tous les lieux de la Terre; 2° en un point quelconque de l'équateur terrestre, le jour et la nuit sont constamment de 12 heures.*

161. Du 20 mars au 21 juin, la déclinaison CE du Soleil va en augmentant; donc l'arc visible ACB augmente aussi dans le même laps de temps; et par suite, *la durée du jour, en un lieu quelconque de l'hémisphère boréal, croît depuis l'équinoxe de printemps jusqu'au solstice d'été.* Passé cette dernière époque, les mêmes choses se reproduisent en sens contraire.

162. La figure précédente suppose le parallèle ACBD coupé par l'horizon HH', ou CE $<$ HE', ou enfin $d < 90° - \lambda$. Quand il n'en est plus ainsi, c'est-à-dire *quand la latitude du lieu est supérieure au complément de la déclinaison du Soleil,* il n'y a pas de nuit proprement dite : *le Soleil reste sur l'horizon pendant plus de vingt-quatre heures.* Ce phénomène a lieu *le jour du solstice,* pour les points appartenant au cercle polaire arctique, c'est-à-dire pour les points dont la latitude est 66° 32' 45". Les contrées situées entre le cercle polaire et le pôle voient le Soleil pendant plusieurs *jours,* plusieurs semaines ou plusieurs mois, à mesure qu'elles appartiennent à des latitudes plus élevées. Au pôle même, le jour proprement dit dure six mois, après lesquels vient une nuit de six mois, nuit qui serait absolue, si les réfractions atmosphériques, les aurores boréales et la Lune ne venaient jeter quelques lueurs dans ces tristes contrées.

Lumière diffuse. Crépuscule.

163. *Lumière diffuse.* — On donne ce nom à la partie de la lumière *solaire* qui nous fait apercevoir les objets, quand ils ne reçoivent pas *directement* les rayons du Soleil. Une expérience très-simple démontre que la lumière diffuse provient des réflexions successives éprouvées par ces rayons, soit à la surface des corps tenus en suspension dans l'atmosphère, soit même à la surface des molécules d'air.

Si un rayon lumineux pénètre dans une chambre obscure, par une petite ouverture convenablement disposée, l'intérieur de la chambre sera tout de suite assez illuminé pour qu'on puisse discerner les objets qui s'y trouvent. On ne peut attribuer ce phénomène à une réflexion sur les parois de la chambre, car il subsiste lors même qu'on *laisse sortir* le rayon par une ouverture opposée à la première. En outre, si ce rayon n'était pas réfléchi dans tous les sens par les atomes d'air, par les grains de poussière, etc., il devrait être invisible pour tout œil non placé sur sa direction; et il arrive, au contraire, que, d'un point quelconque de la chambre, on l'aperçoit sous la forme d'une traînée lumineuse, sensiblement rectiligne, dans laquelle voltigent, comme autant de brillants météores, ces grains de poussière toujours flottant dans l'air, mais invisibles à la *lumière diffuse*.

164. Si l'atmosphère ne réfléchissait pas la lumière, nous serions totalement privés des spectacles grandioses que nous présentent le lever et le coucher du Soleil. En un lieu quelconque, il ferait nuit aussitôt que l'astre radieux serait descendu sous l'horizon, et le jour le plus éclatant serait remplacé, presque sans transition, par l'*obscure clarté des étoiles* : la disparition de la lumière serait effectuée en quelques minutes *. Pendant le *jour,* les objets *directement* éclairés par le Soleil ou recevant un peu de la lumière réfléchie à la surface du sol et des bâtiments, seraient seuls visibles : encore faudrait-il qu'ils pussent envoyer des rayons vers l'œil du spectateur. Ceux de ces objets sur lesquels se projetterait une ombre quelconque seraient plongés dans une complète obscurité. Le disque du Soleil, brillant au milieu d'un ciel *noir* sur lequel se détacheraient continuellement les planètes et les étoiles, aurait un éclat dangereux pour la vue, mais fort instable : le moindre nuage, venant à passer, plongerait dans une obscurité soudaine les lieux qui, l'instant d'avant, étaient exposés à une trop vive lumière. La nature entière, au lieu de continuer à charmer nos yeux, ne nous présenterait plus que le contraste monotone du jour complet et de la nuit complète : elle serait semblable à un tableau sans *demi-teintes*.

165. *Crépuscule.* — Cette *lumière douteuse* qui précède le lever du Soleil et qui en suit le coucher est due, aussi bien que la lumière diffuse, aux réflexions atmosphériques.

* Si le Soleil descendait *verticalement* sous l'horizon, *deux minutes* suffiraient, puisque le diamètre du disque est d'environ un demi-degré.

Soient CAB la surface de la Terre et C'A'B' la *limite* de l'atmosphère. Soit HH' l'horizon d'un lieu A. Quand le Soleil S, couché pour le point A, est arrivé sur l'horizon II' du point B, il éclaire tout le segment IA'B'I'B *. La partie IA'B'FE de ce segment, située au-dessus de HH', peut envoyer des rayons lumineux vers le point A : à mesure que le Soleil descend, cette partie lumineuse diminue; le lieu A est de moins en moins éclairé, et il sera plongé dans une obscurité complète après que le Soleil aura cessé d'illuminer l'intersection F du plan d'horizon HH' avec la limite de l'atmosphère **.

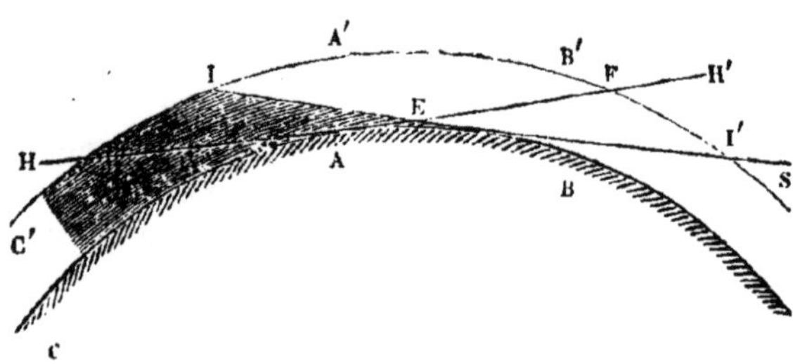

En même temps, si le ciel est très-pur, on aperçoit la *courbe crépusculaire* suivant laquelle l'*horizon variable* IBI' coupe cette même limite. Cette courbe, d'abord située à l'horizon, s'élève peu à peu; et, quand son point culminant atteint de nouveau l'horizon, le crépuscule cesse, il fait nuit. L'observation apprend que la nuit commence quand le Soleil est à 18° au-dessous de l'horizon, c'est-à-dire que l'angle SEH' est de 18°. On déduit de là, pour la hauteur de l'atmosphère, environ 79 *kilomètres*. Par d'autres considérations, M. Biot a trouvé cette hauteur égale à 59 kilomètres seulement.

166. *Durée du crépuscule.* — Puisque le crépuscule cesse quand le Soleil est à 18° au-dessous de l'horizon, nous en aurons la durée à une époque quelconque, en cherchant quelle est la partie du parallèle décrit par le Soleil, comprise entre le cercle d'horizon et un petit cercle situé à 18° de ce dernier. L'arc obtenu, réduit en temps, sera la durée cherchée. A Paris, au moment du solstice d'été, le crépuscule dure depuis

* Pour simplifier, nous faisons abstraction du phénomène de la réfraction.

** Le lecteur doit comprendre que ce sont là des *à peu près*. Une théorie un peu complète dépasserait, non-seulement les bornes de ce livre, mais encore les limites actuelles de la science.

le coucher du Soleil jusqu'à son lever; il n'y a donc pas alors de nuit véritable.

Des saisons.

167. Les saisons sont les quatre parties, *presque égales,* dans lesquelles on divise l'année tropique, et qui commencent aux deux équinoxes et aux deux solstices. Dans un même lieu, les phénomènes météorologiques diffèrent d'une saison à une autre; mais ils se reproduisent à peu près périodiquement chaque année : de là l'expression de *vicissitudes des saisons.*

168. La vicissitude des saisons en un lieu donné, ou le *climat* de ce lieu, dépend principalement des deux causes suivantes : 1° la hauteur du Soleil au-dessus de l'horizon; 2° la longueur du jour.

Pour reconnaître l'influence de la première cause, il suffit de se rappeler cette loi de la chaleur rayonnante : *La quantité de chaleur absorbée par une surface augmente avec l'angle formé par les rayons calorifiques et la surface* *.

Par conséquent, et toutes choses égales d'ailleurs, la température doit être plus élevée dans les régions équatoriales, qui peuvent avoir le Soleil au zénith, que dans le reste du globe. Au contraire, les lieux situés près du pôle, lors même qu'ils voient le Soleil, en reçoivent les rayons sous un angle presque nul : la température doit donc y être très-peu élevée. Entre ces deux limites extrêmes, la quantité de chaleur absorbée par le sol doit aller en diminuant, de l'équateur aux pôles.

En un même lieu, et dans le courant d'une année, des phénomènes analogues se produisent. Ainsi, à l'équateur, la hauteur méridienne du Soleil varie entre 66° $\frac{1}{2}$ *nord* et 66° $\frac{1}{2}$ *sud*; elle est égale à 90° au moment des équinoxes. A Paris, le même angle atteint 64° 37′ le jour du solstice d'été : il n'est plus que de 17° 42′ à l'autre solstice. Enfin, au pôle boréal, la hauteur du Soleil varie entre + 23° 27′ et — 23° 27′. Sur l'hémisphère austral, les mêmes choses ont lieu, mais dans un ordre inverse : l'obliquité des rayons solaires atteint son maximum le 21 juin, et son minimum le 22 décembre.

169. La température de chaque lieu dépend surtout de la longueur du jour, c'est-à-dire du temps pendant lequel le Soleil reste au-dessus de l'horizon. Quand il fait *jour,* ce lieu

* Voyez la *Physique.*

reçoit de la chaleur ; dès qu'il fait *nuit*, il en perd, par suite du rayonnement vers les espaces célestes ; et toutes les quantités de chaleur reçues ou perdues ainsi dans le courant de l'année produisent ce qu'on appelle la *température moyenne*. On conçoit qu'elle doit s'éloigner d'autant plus des *températures extrêmes*, que la durée du plus long jour ou de la plus longue nuit s'éloigne plus de 12 heures. Aussi, dans les contrées équatoriales, à Cumana par exemple, la température moyenne de l'année diffère très-peu des températures moyennes du mois le plus chaud et du mois le plus froid. Au contraire, près du pôle, on voit des chaleurs insupportables succéder à un hiver long et rigoureux. « L'action des rayons solaires, faible en raison de leur obliquité, s'accumule pendant les jours extrêmement longs, et produit des effets auxquels on ne s'attendrait que dans la zone torride. Dans l'hiver, au contraire, on voit l'eau-de-vie se congeler dans des chambres chauffées, et une croûte de glace couvrir jusqu'aux draps de lit. On a trouvé la terre gelée à 100 pieds de profondeur, et le mercure, figé dans le thermomètre, laissait le degré de froid indéterminé. » (BALBI.)

Inégales durées des saisons

170. Les quatre périodes dans lesquelles on partage l'année ne sont pas composées d'un même nombre de jours. Pour comprendre la raison de cette inégalité, considérons l'orbite solaire $AcPa$, dont la Terre T est un foyer. Soient ac la ligne des équinoxes, et bd celle des solstices, lesquelles sont perpendiculaires l'une à l'autre.

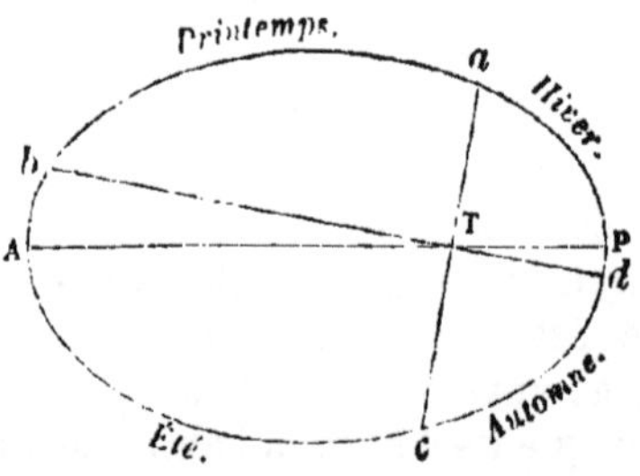

D'après la deuxième loi de Kepler, les temps employés par le Soleil à parcourir les quatre secteurs aTb, bTc,.. sont proportionnels aux aires de ces secteurs. Or, il résulte, de l'excentricité de l'ellipse, que ces quatre secteurs, rangés par ordre de grandeur décroissante, sont :

$$cTb,\ bTa,\ cTd,\ dTa.$$

Autrement dit, les quatre saisons, rangées dans le même ordre, sont l'été, le printemps, l'automne, l'hiver.

La *Connaissance des Temps* donne en effet les résultats suivants :

	Commencement.	Durée.
Printemps.	20 mars, à 7h 53m du matin.	92j 20h 23m
Été.	21 juin, à 4 18 du matin.	93 14 22
Automne.	22 septembre, à 6 40 du soir.	89 17 57
Hiver.	21 décembre, à 0 37 du soir.	89 1 5
		365j 5h 49m

Mouvement réel de la Terre autour du Soleil.

171. Jusqu'ici, nous avons supposé la Terre immobile dans l'espace, et le Soleil en mouvement sur l'écliptique, en prévenant, à l'avance, que la révolution annuelle du soleil n'est qu'une illusion, due au mouvement réel de la Terre (**122**). Nous avons reconnu, en même temps, que les *phénomènes apparents* sont absolument les mêmes dans les deux systèmes. Il s'agit, à présent, d'examiner si le Soleil tourne autour de la Terre, ou si c'est le contraire qui a lieu.

Or, les raisons qui ont fait adopter l'hypothèse du mouvement de rotation diurne de la Terre peuvent être invoquées (avec moins de force, il est vrai) en faveur de son mouvement de translation. Il paraît, en effet, difficile de concevoir que de deux corps, dont l'un est *quatorze cent mille fois* aussi gros que l'autre, ce soit le premier qui tourne autour du second : si cette rotation était due à une *impulsion initiale,* combinée avec une *force attractive* émanant du corps immobile, et empêchant l'autre corps de se mouvoir en ligne droite, quelle ne devrait pas être l'intensité d'une pareille force !

172. Un exemple matériel fera mieux comprendre cette première *preuve* du mouvement de translation de la Terre.

Supposons que sur une table de marbre poli, dont la surface soit plane et horizontale, on lance deux billes d'ivoire, de même grosseur, retenues l'une à l'autre par un cordon. On verra ces deux corps tourner, à peu près de la même manière, autour du milieu du cordon, c'est-à-dire autour du *centre de gravité* * du système ; de plus, le mouvement de ce centre sera sensiblement rectiligne.

Remplaçons l'une des billes par un boulet de fer, et l'autre bille par une balle de liége : le centre de gravité du système partagera, en parties inversement proportionnelles aux masses des deux corps, la droite qui joint leurs centres de gravité respectifs ** ; il se confondra donc presque avec le centre du boulet ; et, si nous recommençons l'expérience, ce dernier corps se mouvra lentement en ligne droite, tandis que la balle tournera autour de lui.

Substituons, par la pensée, le Soleil au boulet, et la Terre à la balle de liége ; le centre de gravité du système des deux corps sera dans l'*intérieur* du Soleil, à une distance de son centre de figure à peu près égale à $\frac{1}{1655}$ du rayon solaire***. Cela posé, admettons que ces deux corps aient été lancés dans l'espace ; et, à la place du lien grossier dont nous parlions tout à l'heure, faisons intervenir la *pesanteur universelle :* il arrivera que le Soleil, dont le mouvement dans l'espace sera sensiblement rectiligne et uniforme ****, pourra être supposé en repos relativement à la Terre, laquelle tournera autour du Soleil.

173. Du reste, le mouvement de translation de la Terre est une conséquence toute naturelle de son mouvement de rotation. En effet, la Mécanique enseigne que ces deux sortes de mouvements sont presque toujours coexistants : il faut des circonstances toutes particulières pour qu'un corps tourne sur lui-même sans décrire, en même temps, des cercles ou des

* Le *centre de gravité* d'un corps est *un point* où l'on peut supposer que *tout le poids du corps est condensé*. D'après cette définition, si le corps est suspendu par un fil, *la direction du fil passe par le centre de gravité,* quel que soit le point d'attache du fil et du corps.

** Supposons, pour fixer les idées, que le boulet pèse 10 kilogrammes, la balle de liége 1 gramme, et que la distance des centres soit égale à 1 mètre. Partageons cette longueur de 1 mètre en 10 001 parties égales : le premier point de division, à *partir du centre du boulet*, sera le centre de gravité du système des deux sphères.

*** Cette distance a pour valeur $d = \frac{24\,068\ R}{112\ .\ 355\,500} = \frac{R}{1655}$.

**** Ce mouvement rectiligne du Soleil, qui ne paraît être ici qu'une pure hypothèse, est conforme à la réalité : suivant William Herschel, Argelander et Struve, le centre de notre système planétaire se dirige vers l'étoile λ d'*Hercule*, avec une vitesse qui lui fait parcourir, chaque jour, un espace égal aux $\frac{22}{6}$ du rayon de l'orbite terrestre.

spirales. La *toupie* offre une remarquable démonstration de ce principe : au moyen d'une seule impulsion, on la fait tourner autour de son axe, pendant que sa pointe décrit les courbes dont nous venons de parler.

174. Indépendamment de ces preuves théoriques, sur lesquelles nous ne pouvons insister davantage, il existe, pour ainsi dire, des preuves *de fait* du mouvement de translation de la Terre. Parmi celles-ci, nous citerons en première ligne le phénomène curieux appelé *aberration des étoiles.* Pour ne pas dépasser les limites qui nous sont assignées, nous admettrons ce mouvement, en le regardant comme suffisamment démontré; et, pour ne laisser aucune obscurité dans l'esprit du lecteur, nous le définirons ainsi qu'il suit :

175. ABCD étant une ellipse dont le Soleil occupe un foyer, le centre de la Terre T parcourt cette courbe, dans le sens indiqué par la flèche *f*, de manière que le *pôle nord* soit *au-dessus* du plan de l'orbite, supposé horizontal, pour fixer les idées. Ce plan est l'*écliptique.* En même temps que la Terre tourne ainsi autour du Soleil, elle tourne sur elle-même, dans le sens indiqué par la flèche *f'*. L'axe de rotation, toujours parallèle à soi-même *, n'est pas perpendiculaire à l'écliptique : il fait avec ce plan un angle d'environ 66° $\frac{1}{2}$. Enfin, si l'on projette sur l'écliptique la partie *supérieure* de l'axe, cette projection sera dirigée parallèlement à BD; de telle sorte que, P désignant le pôle nord et O le centre de la Terre, l'angle POS est égal à 66° $\frac{1}{2}$ quand la Terre est en B, et égal à 113° $\frac{1}{2}$ quand elle est en D.

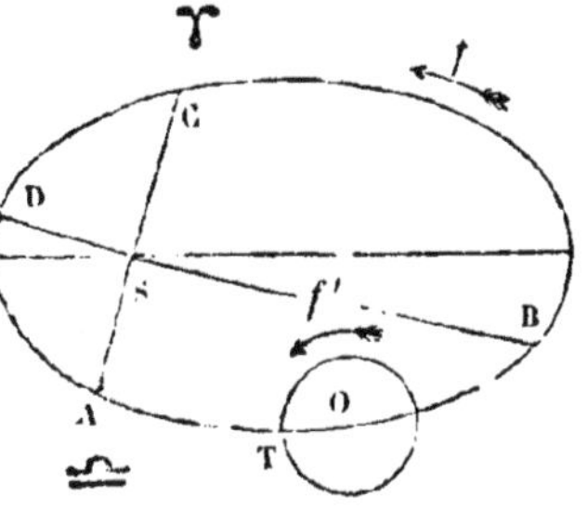

176. D'après le mouvement ainsi défini, si nous imaginons la corde *focale* ASC perpendiculaire à BD, cette droite sera l'intersection de l'écliptique et de l'équateur terrestre : les extrémités A, C indiquent les positions occupées par la Terre, quand le Soleil est dans l'équateur. Lorsque le centre de notre globe parcourt l'arc AB, le plan de l'équateur est *au-dessous* du Soleil, dont la déclinaison est par conséquent *boréale.* Cette décli-

* Nous faisons abstraction, pour un instant, de la *précession.*

naison atteint son maximum au moment où la Terre arrive en B ; etc.

En résumé, les points A, B, C, D sont les positions du centre de la Terre à l'équinoxe de printemps, au solstice d'été, à l'équinoxe d'automne et au solstice d'hiver.

177. *Remarque.* — Un observateur qui aurait les pieds sur le Soleil et la tête dirigée vers l'étoile polaire verrait la Terre se transporter de *droite à gauche*. Au contraire, les montagnes, les continents, etc., voisins de l'équateur terrestre, et visibles pour le spectateur, lui sembleraient se mouvoir de *gauche à droite*.

178. *Vitesse de translation de la Terre.* — Nous avons vu (132) que la distance de la Terre au Soleil est d'environ 153 500 000 kilomètres. Si l'on adopte cette valeur, et si l'on néglige l'excentricité de l'orbite, on trouve, pour la longueur l de l'arc décrit par le centre du globe, en un jour moyen,

$$l = 2\,640\,500.$$

Ainsi, la Terre parcourt dans l'espace à peu près 2 640 500 *kilomètres par jour*. Cette vitesse équivaut à 35 *kilomètres par seconde ;* elle est 75 fois plus grande que la vitesse de rotation des points placés à l'équateur (82).

Conséquences du mouvement de la Terre.

179. Le *mouvement apparent du Soleil* étant remplacé, désormais, par le *mouvement réel de la Terre,* nous devrons modifier quelques-unes des dénominations que nous avons employées ci-dessus, de manière à les mettre en harmonie avec les faits. Ainsi, la *vitesse angulaire du Soleil* (128) deviendra la *vitesse angulaire de la Terre ;* le *périgée* et l'*apogée* seront remplacés par le *périhélie* et l'*aphélie, etc.* Au reste, il n'y a pas grand inconvénient à conserver les premières locutions, puisqu'elles sont d'accord avec les phénomènes apparents, et qu'on peut très-facilement rectifier ce qu'elles ont d'inexact.

Précession des équinoxes.

180. Si, comme nous l'avons supposé dans le nº 175, l'axe de la Terre était toujours *rigoureusement* parallèle à soi-même, il s'ensuivrait que l'intersection du plan de l'écliptique avec un

plan mené par le centre du Soleil, perpendiculairement à l'axe de la Terre, aurait une position invariable *. En d'autres termes, la ligne des équinoxes serait fixe, et *l'année tropique ne différerait pas de l'année sidérale*. Or, nous savons que, dans le courant d'une année tropique, la ligne équinoxiale décrit autour du Soleil un angle de 50",1. Conséquemment, *l'axe de la Terre, outre son mouvement de translation dans l'espace, a un mouvement de rotation autour de l'axe de l'écliptique.*

181. Pour découvrir la loi de ce mouvement, considérons l'écliptique *circulaire* ABC, dont le Soleil S occupe le *centre*, et dont SΠ est l'*axe*. Soient T, T', les positions de la Terre à deux équinoxes vernaux consécutifs, en sorte que TST' est un angle de 50",10. Par le point S, menons les droites S*p*, S*p'*, respectivement perpendiculaires à TS♈, T'S♈' et inclinées de 23° 27' 30" sur l'axe SΠ de l'écliptique. S*p* sera parallèle à l'axe terrestre dans sa première position TP, et S*p'* sera parallèle à la dernière position T'P' de cet axe. Autrement dit, pendant que la Terre parcourt l'arc TBCAT', égal à 360° — 50",10, son axe tourne autour de SΠ, d'une quantité *p*Π*p'*, mesure de l'angle formé par les plans ΠS*p*, ΠS*p'*. Or, les plus simples notions de géométrie font voir que cet *angle dièdre* est mesuré aussi par l'angle plan TST'.

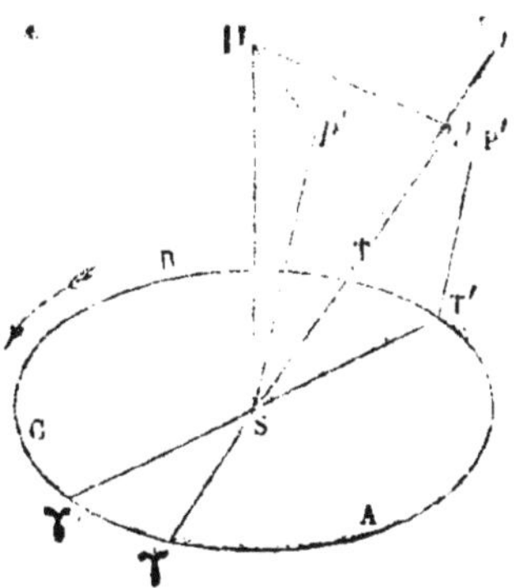

En résumé, dans le courant d'une année tropique, l'axe de l'équateur terrestre décrit, autour de l'axe de l'écliptique, un angle de 50",10 ; et cette rotation a lieu dans un sens contraire à celui du mouvement de la Terre.

182. *Durée de la précession.* — A raison de 50",10 par an, le mouvement de la ligne équinoxiale est de 1° en 71,8 ans, ou de 360° en 25 868 ans.

* Nous supposons ici que le plan de l'écliptique a une direction absolument fixe dans l'espace. Cette hypothèse n'est pas tout à fait conforme à la réalité, puisque ce plan décrit *en cent ans, autour d'une certaine position moyenne*, un angle dièdre d'environ 48". Mais cette variation est négligeable relativement à l'objet dont il s'agit.

183. *Effets de la précession.* — L'effet le plus immédiat de la précession est d'augmenter chaque année les longitudes de toutes les étoiles, en laissant invariables les latitudes *. Si, à une certaine époque, la longitude d'une étoile E est ♈G, un an plus tard, quand l'origine ♈ se sera transportée en ♈', cette longitude deviendra ♈'G = ♈G + 50",1. Quant à la latitude GE, il est clair qu'elle n'aura pas changé.

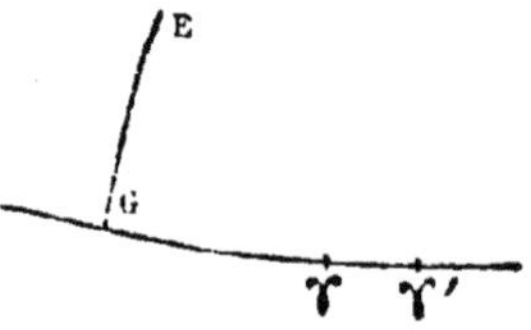

184. *Déplacement du pôle.* — Puisque l'axe de l'équateur tourne autour de l'axe de l'écliptique, le point où l'*axe du monde* rencontre la sphère céleste doit tourner lentement autour du pôle de l'écliptique **. C'est, en effet, ce qui a lieu : α de la petite Ourse, que nous appelons l'étoile polaire, parce qu'elle est seulement à 1° 28' du pôle de l'équateur, en était éloignée, au temps d'Hipparque, d'environ 12° : pour parler plus exactement, le pôle s'est rapproché de cette étoile. Il s'en rapprochera encore jusqu'à la distance d'environ un demi-degré, après quoi il s'en éloignera pour s'en rapprocher de nouveau dans la suite des siècles ***.

185. *Cause de la précession.* — La théorie de la *gravitation universelle* fait voir que la rotation de l'axe de la Terre autour d'une parallèle à l'axe de l'écliptique est principalement due à l'*attraction* exercée par le Soleil sur le *ménisque* terrestre, c'est-à-dire sur *la partie du sphéroïde terrestre extérieure à la sphère inscrite à ce sphéroïde.* Nous ne pourrions, sans sortir des limites qui nous sont imposées, entrer dans les détails de cette explication.

* On appelle *latitude* d'une étoile E, sa distance à l'écliptique ♈G, comptée sur l'arc de grand cercle EG, perpendiculaire à ♈G : ce dernier arc est la *longitude* de l'étoile.

** Nous avons déjà dit que ce dernier point n'est pas non plus absolument fixe dans le ciel; mais nous pouvons négliger son mouvement, qui est très-petit par rapport à celui du pôle de l'équateur.

*** Pôle immobile aux yeux, si lent dans votre course,
Fuyez le char glacé des sept astres de l'Ourse;
Embrassez, dans le cours de vos longs mouvements,
Deux cents siècles entiers par delà six mille ans.
(VOLTAIRE.)

Résumé.

Les rayons lumineux partis du Soleil étant supposés parallèles, il en résulte que ceux de ces rayons qui *touchent* la sphère terrestre déterminent, sur sa surface, la *ligne de séparation* entre la partie éclairée et la partie obscure.

Il fait donc *jour* dans un hémisphère et *nuit* dans l'autre. Mais, par suite de l'obliquité de l'écliptique, le jour est *plus long* ou *plus court* que la nuit.

1° Aux moments des équinoxes, le jour est égal à la nuit dans tous les lieux de la Terre ; 2° en un point quelconque de l'équateur terrestre, le jour et la nuit sont constamment de 12 heures. En un lieu quelconque de l'hémisphère *boréal*, la durée du jour *croît* depuis l'équinoxe de printemps jusqu'au solstice d'été. Au pôle même, le *jour* dure *six* mois, après lesquels vient une *nuit* de *six* mois.

On donne le nom de *lumière diffuse* à la partie de la lumière solaire qui nous fait apercevoir les objets, quand ils ne sont pas *directement* éclairés par les rayons du Soleil.

Elle provient des réflexions successives éprouvées par ces rayons.

Le *crépuscule* est dû aussi aux réflexions atmosphériques. La nuit commence quand le Soleil est à 18° au-dessous de l'horizon.

A Paris, au moment du solstice d'été, le crépuscule dure depuis le coucher du Soleil jusqu'à son lever.

Les *saisons* sont les quatre parties, *presque égales,* dans lesquelles on divise l'année tropique.

Les *vicissitudes des saisons*, ou les *climats*, dépendent surtout : 1° de la hauteur du Soleil au-dessus de l'horizon; 2° de la longueur du jour.

Le *printemps*	a une durée de	92^j	20^h	25^m
L'*été*	—	93	14	22
L'*automne*	—	89	17	57
L'*hiver*	—	89	1	5
L'année tropique dure donc		365^j	5^h	49^m

La Terre possède un mouvement de *translation* autour du Soleil. Elle parcourt environ, par jour, 2 640 500 kilomètres, ou 85 kilomètres par seconde.

L'*axe de la Terre* a un mouvement de *rotation* autour de l'*axe de l'écliptique*. Cette rotation, qui est de 50″,10 dans le courant d'une année tropique, a lieu dans un sens contraire à celui du mouvement de la Terre.

La durée de cette *précession des équinoxes* est de 25 868 ans.

L'effet le plus immédiat de ce mouvement est d'augmenter chaque année les longitudes de toutes les étoiles, en laissant invariables les latitudes.

Le *déplacement du pôle* résulte aussi de la rotation de l'axe de l'équateur autour de l'axe de l'écliptique.

La cause de cette rotation est due surtout à l'*attraction* exercée par le Soleil sur le *ménisque* terrestre.

CHAPITRE VII.

De la Lune (186-229). — Phases (210, 211). — Révolution sidérale et synodique (194, 195). — Orbite décrite par la Lune autour de la Terre (201-205). — Distance de la Lune à la Terre (206). — Rapport du volume de la Lune à celui de la Terre (207). — Rapport des masses (207). — Taches (214). — Rotation (214). — Aperçu sur la constitution physique de la Lune (220-229).

Préliminaires.

186. La Lune est, après le Soleil, l'astre qui nous intéresse le plus par sa grandeur apparente, par la clarté qu'il nous envoie périodiquement, par les différents aspects sous lesquels il se présente, enfin par les phénomènes dont il est cause, tels que les *éclipses*, les *marées*, *etc.*

Les observations les plus vulgaires démontrent ces trois faits principaux : 1° *la distance de la Lune à la Terre est à peu près constante ;* 2° *la Lune tourne autour de la Terre ;* 3° *la Lune n'est pas lumineuse par elle-même.*

187. 1° *La distance de la Lune à la Terre est à peu près constante.*—Que la Lune soit *pleine,* ou qu'elle apparaisse sous la forme d'un *croissant,* l'angle sous lequel on voit le diamètre de son *arc extérieur* semble toujours à peu près de la même grandeur, du moins quand l'astre n'est pas très-près de l'horizon. Puisque le *diamètre apparent* varie entre des limites très-rapprochées, il en est de même pour la distance de la Lune à la Terre.

188. 2° *La Lune tourne autour de la Terre.* — Observons la Lune cinq ou six jours après l'époque où elle était *nouvelle.* Nous la verrons, vers 4 heures de l'après-midi, dans la direction du méridien. Le lendemain, il sera près de 5 heures quand elle passera au méridien : ce retard, d'environ 50 minutes, prouve que la lune s'est avancée d'à peu près 12 degrés *vers l'orient, en sens contraire du mouvement diurne apparent.* Au moment de la *pleine lune,* l'astre effectue son passage vers minuit ; plus tard encore, à l'époque du *dernier quartier*, le passage au méridien a lieu à 6 heures du *matin,* et ainsi de suite : dans une période d'environ 29 jours, qui constitue ce qu'on appelle un *mois lunaire,* ou une *lunaison,* le passage au méri-

dien a lieu à toutes les heures de la journée. Conséquemment, la Lune exécute, dans ce même intervalle de temps, une révolution autour de la Terre. Elle est donc un *satellite* de celle-ci, c'est-à-dire qu'elle l'*accompagne* dans son mouvement de translation autour du Soleil. Autrement dit, la Lune est à peu près, à l'égard de la Terre, ce qu'est celle-ci par rapport au Soleil.

189. 3° *La Lune n'est pas lumineuse par elle-même.* — Les différents aspects que nous présente la Lune sont ce qu'on appelle ses *phases*. Sans entrer dans l'explication de ce phénomène, explication qui reviendra bientôt, nous pouvons affirmer, dès à présent, que la Lune n'est pas lumineuse par elle-même, et qu'elle nous envoie seulement de la lumière *solaire*, réfléchie à sa surface. En effet, si le *globe lunaire* avait une lumière qui lui fût propre, son contour apparent, au lieu d'être tantôt un croissant plus ou moins délié, tantôt un demi-cercle, tantôt un cercle entier, aurait toujours cette dernière figure. De plus, suivant que la Lune est dans la direction du Soleil ou dans la direction opposée, elle est *complétement invisible* ou *complétement visible* : par conséquent, la partie du globe lunaire tournée vers le Soleil est éclairée par cet astre, et l'autre partie est obscure.

Diamètre apparent de la Lune

190. Il varie entre 29′ 21″,91 et 33′ 31″,07 : sa valeur moyenne est, à fort peu près, 31′ 7″,0.

191. *Remarque.* — L'écart entre les valeurs extrêmes du diamètre de la Lune s'élève à 4′ 9″,16. Pour le Soleil, cet écart était seulement de 1′ 4″,57 (124). Conséquemment, l'orbite lunaire est plus *excentrique* que celle de la Terre. C'est ce que nous vérifierons bientôt.

Conjonction. Opposition. Néoménie. Syzygies. Quadratures.

192. Lorsque deux astres ont même *longitude* (183), on dit qu'ils sont en *conjonction* : ils sont en *opposition* quand leurs longitudes diffèrent de 180°. Si les deux astres avaient même latitude au moment de leur conjonction, ils seraient alors situés sur une même droite passant par le centre de la Terre, ou plutôt l'un d'eux *éclipserait* l'autre. C'est ce qui a lieu, à peu près, pour le Soleil et la Lune : le Soleil est toujours dans

le plan de l'écliptique, dont la Lune ne s'écarte jamais beaucoup.

193. La *néoménie* est l'instant de la *nouvelle lune*, celui où le Soleil et la Lune sont en conjonction. On désigne à la fois, sous le nom de *syzygies*, la nouvelle Lune et la pleine Lune. Enfin on appelle *quadratures* le *premier* et le *dernier quartier* : la Lune et le Soleil sont en quadratures quand leurs longitudes diffèrent de 90° ou de 270°.

Révolution synodique, révolution sidérale, révolution tropique.

194. La *révolution synodique* est le temps qui s'écoule entre deux pleines Lunes ou entre deux néoménies successives. Pour déterminer exactement cette durée, on attend le moment d'une éclipse de Lune * : le milieu du phénomène coïncide, à fort peu près, avec l'opposition. On fait la même chose quelques années après; puis on divise, par le nombre des *lunaisons* qui ont eu lieu, le temps compris entre les deux éclipses. Plus il y a d'années écoulées entre les deux observations, plus le résultat est exact.

On a trouvé ainsi, pour la révolution synodique, ou le *mois lunaire*, ou la *lunaison*, 29,530 588 6 *jours solaires moyens*.

195. *Révolution sidérale et révolution tropique.* — Ces deux périodes lunaires sont analogues à l'année sidérale et à l'année tropique (145, 146). Ainsi, la *révolution tropique* de la Lune est le temps qui s'écoule entre deux retours consécutifs de cet astre au *cercle de longitude* passant par l'équinoxe de printemps, et la *révolution sidérale* est le temps qu'emploie la Lune à revenir au même point du ciel. Ces durées seraient égales entre elles si l'équinoxe de printemps, *origine des longitudes*, ne se déplaçait pas sur l'écliptique. En réalité, la différence est fort petite ; car

Révolution sidérale = $27^j,321\ 662$,
Révolution tropique = $27^j,321\ 583$.

196. *Mouvement diurne moyen.* — Puisque la Lune fait sa révolution sidérale en $27^j,321\ 662$, si nous divisons 360° par ce dernier nombre, nous connaîtrons l'arc d'écliptique que l'astre décrirait en un jour moyen, si son mouvement était

* Voyez plus loin.

uniforme : c'est ce qu'on peut appeler le *mouvement diurne moyen* de la Lune. Il est égal à 13° 10′ 34″,89. Cet arc, réduit en temps, à raison de 1 heure pour 15 degrés, donne $0^h\ 52^m\ 42^s,33$ pour le *retard diurne moyen de la Lune sur les étoiles.* Si donc le mouvement propre de la Lune était uniforme, le temps qui s'écoulerait entre deux passages consécutifs de cet astre serait $24^h\ 52^m\ 42^s,33$: cette durée est celle du *jour lunaire moyen*. Comme le mouvement de la Lune est, au contraire, fort irrégulier, les valeurs extrêmes du jour lunaire s'écartent beaucoup de la valeur moyenne : elles sont, à peu près, $24^h\ 40^m$ et $25^h\ 4^m$.

197. Si nous retranchons du mouvement moyen de la Lune le mouvement moyen du Soleil, égal à

$$\frac{360^\circ}{365,256\ 383},$$

nous trouverons la quantité dont la Lune s'écarte du Soleil en un jour moyen. Le résultat est

$$13^\circ\ 10'\ 34'',89 - 59'\ 8'',19 = 12^\circ\ 11'\ 26'',70.$$

Réduisant cet arc en temps, nous obtenons, pour le *retard moyen de la Lune sur le Soleil*, $48^m\ 45^s,78$.

Orbite sphérique de la Lune.

198. En opérant de la même manière que pour le Soleil (112), on peut tracer, sur un globe céleste, la *perspective* de la trajectoire lunaire, ou l'*orbite sphérique de la Lune*. On trouve ainsi que, dans le cours d'une lunaison, cette courbe sphérique diffère assez peu d'une circonférence de grand cercle, dont le plan serait incliné, sur le plan de l'écliptique, de 5° 8′ 48″.

Ligne des nœuds. Rétrogradation des nœuds.

199. La *ligne des nœuds* est la droite suivant laquelle le plan de l'orbite lunaire coupe le plan de l'écliptique : les *nœuds* sont les points où l'orbite sphérique rencontre l'écliptique ; on donne aussi ce nom aux points d'intersection de la véritable trajectoire lunaire avec le plan de l'écliptique. Quand la Lune passe de l'hémisphère austral à l'hémisphère boréal, elle atteint son *nœud ascendant* N ; N′ est le *nœud descendant*. On désigne quelquefois ces deux positions, respectivement, par les signes ☊, ☋.

200. De même que les points équinoxiaux ne restent pas fixes sur l'équateur céleste, les nœuds de la Lune se déplacent sur l'écliptique. Leur mouvement, rétrograde comme celui des équinoxes, est beaucoup plus rapide ; car la ligne des nœuds effectue sa révolution en 6 793,39 jours solaires moyens, ou environ 18,6 ans.

Orbite décrite par la Lune autour de la Terre.

201. En continuant d'opérer comme pour le Soleil (125), on trouve que la courbe décrite par la Lune autour de la Terre est une ellipse, dont la Terre occupe un foyer. Seulement, cette ellipse est beaucoup plus excentrique que l'orbite terrestre.

202. La deuxième loi de Kepler, qui consiste en ce que les *aires décrites par le rayon vecteur sont proportionnelles aux temps*, s'observe dans le mouvement de la Lune autour de la Terre, comme dans le mouvement de cette dernière autour du Soleil (126).

203. *Mouvement de la ligne des apsides.* — Le grand axe de l'orbite lunaire, ou la *ligne des apsides*, n'est pas fixe dans son plan : il exécute autour de la Terre, dans le sens du mouvement propre de la Lune, une révolution complète en 3 232,575 3 jours moyens, ou environ 9 ans.

204. *Forme de l'orbite lunaire.* — On conçoit, d'après cette révolution de la ligne des apsides, jointe à la *révolution synodique des nœuds* *, combien doit être compliquée l'orbite lunaire, même quand on suppose la Terre fixe, afin de ne considérer que le mouvement *relatif* de la Lune. Pour essayer de nous représenter ce mouvement, supposons qu'une ellipse ABC, dont T est un foyer, ait son plan incliné de 5° 9′ sur le plan de la

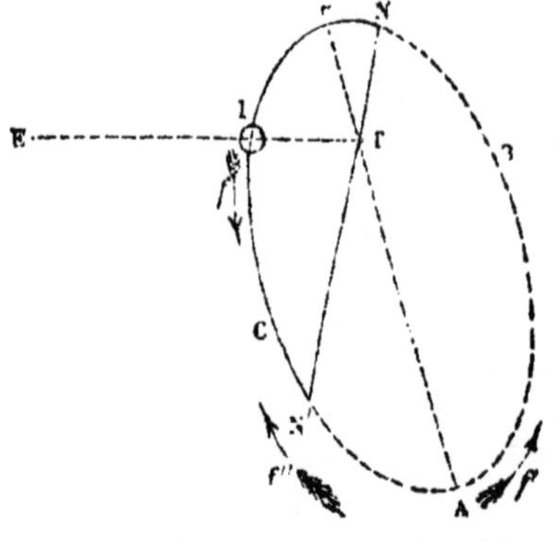

* On donne ce nom au temps qui s'écoule entre deux passages du Soleil au même nœud lunaire.

figure, c'est-à-dire sur l'écliptique. L'intersection NN′ des deux plans est la ligne des nœuds. Cela posé, pendant que la Lune L parcourt l'ellipse ABC dans le sens indiqué par la flèche *f*, et de manière à revenir en 27j $\frac{1}{3}$ vers l'étoile E, l'ellipse tourne dans son plan avec une vitesse de 360° en 9 ans, de même sens que la première; enfin le plan ABC est animé d'un mouvement *conique*, en vertu duquel la ligne des nœuds fait sa révolution en 18 ans, mais dans le sens indiqué par la flèche *f′*.

205. La complication de l'orbite lunaire augmente encore beaucoup quand on a égard à la translation de la Terre autour du Soleil, c'est-à-dire quand on considère les mouvements *absolus* au lieu des mouvements relatifs. Mais si, pour *une première approximation*, on néglige l'inclinaison du plan de l'ellipse et l'excentricité de celle-ci, on trouve que la trajectoire décrite par la Lune est une courbe assez simple, du genre de celles que les géomètres appellent *épicycloïdes* *.

Distance de la Lune à la Terre.

206. La valeur moyenne de cette distance est

59,95 rayons terrestres.

Ainsi, le rayon moyen de l'orbite lunaire égale environ 60 fois le rayon de l'équateur terrestre. Si l'on compare cette valeur à celle qui représente la distance du Soleil à la Terre (132), on verra qu'elle en est seulement le $\frac{1}{401}$.

* On aura, tout à la fois, une idée assez exacte de ces courbes et du mouvement de la Lune, si l'on se représente une *valse* exécutée par deux personnes T, L, dans un salon dont un lustre S occuperait le centre. Si, pendant que la personne T décrit un cercle autour du lustre, et tourne en même temps sur elle-même, l'autre personne L tourne autour de la première, en la regardant constamment, cette personne L décrira sur le parquet une épicycloïde, et son mouvement sera analogue à celui de la Lune. En effet, nous verrons bientôt que ce satellite exécute, *dans le même temps*, sa rotation sur son axe et sa translation autour de la Terre, en sorte qu'il tourne toujours une même face vers sa planète.

Rayon réel et volume de la Lune. Masse et densité de la Lune.

207. En désignant par ρ le rayon de la Lune, par r celui de la Terre, on a trouvé

$$\frac{\rho}{r}=\frac{31'7''}{114'}=\frac{1\,867}{6\,840}=0,272\,9.$$

Cette fraction diffère très-peu de $\frac{3}{11}$. Ainsi, le rayon de la Lune n'est guère que les $\frac{3}{11}$ du rayon terrestre. Le volume de notre satellite est à peu près $\frac{1}{49}$ du volume de la Terre*.

208. *Remarque.* — On a vu (134) que si, dans la construction d'un *modèle en relief,* la Terre était représentée par une balle ayant pour rayon *un centimètre,* le Soleil deviendrait un globe de $1^m,12$ de rayon, placé à 241 mètres de la balle. Dans les mêmes conditions, la Lune pourrait être figurée par un *pois* de $5^{mm},5$ de diamètre, tournant dans une circonférence dont la balle occuperait le centre, et qui aurait pour rayon 60 centimètres. Ce rayon de l'*orbite lunaire* est donc un peu *inférieur à la moitié* du rayon du globe qui figure le Soleil. On peut, d'une autre manière, rendre cette dernière comparaison plus frappante. Supposons le centre du Soleil coïncidant avec celui de la Terre, et un projectile parcourant un rayon solaire, en allant du centre à la surface : *arrivé à la Lune, ce projectile ne serait pas encore à moitié chemin.*

209. Guidé par des théories dont nous ne pouvons en aucune façon donner l'idée, Laplace a trouvé que la masse de la Lune est environ $\frac{1}{75}$ de celle de la Terre. En adoptant cette valeur, nous aurons (135), pour le rapport entre la densité de la Lune et celle de la Terre, $\frac{49}{75}$, ou environ 0,653.

Phases de la Lune.

210. Après les détails dans lesquels nous sommes entrés à propos du mouvement de translation de la Lune autour de la Terre, quelques mots suffiront pour compléter l'explication des *phases,* commencée ci-dessus (189).

* La nouvelle détermination de la vitesse de la lumière doit modifier tous ces résultats.

Soient, en effet, A, B, C,... les huit positions principales de la Lune, relativement à la Terre T, supposée immobile. Soit S le Soleil, placé très-loin dans le plan de l'écliptique, pris pour celui de la figure. Pour plus de simplicité, supposons l'axe de la Terre perpendiculaire à l'écliptique, et faisons abstraction de la légère obliquité de l'orbite lunaire.

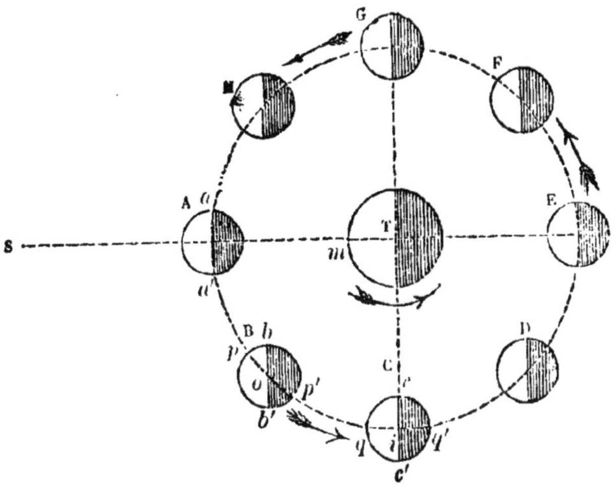

A chaque moment de sa course, la Lune a une moitié de sa surface éclairée par le Soleil, et elle a aussi une moitié de sa surface tournée vers la Terre : suivant que l'angle formé par les plans qui limitent ces deux hémisphères est plus ou moins grand, l'observateur placé en T aperçoit une partie plus ou moins considérable de la surface lunaire. Ainsi, pour la position A, l'angle dont il s'agit est nul; la Lune est invisible pour nous; on dit qu'elle est *nouvelle*. Quand notre satellite est arrivé en B, l'hémisphère éclairé est *bb'p*, l'hémisphère tourné vers la Terre est *pbp'* : l'observateur voit, sous la forme d'*un croissant dont les pointes sont à l'opposite du Soleil*, le *fuseau* projeté en *bop*.

Cet *aspect* est celui qui répond au *premier octant*. De même, au *premier quartier*, le fuseau projeté en *ciq* nous présente l'apparence d'un demi-cercle; et ainsi de suite.

211. Si l'on a égard à la rotation de la Terre, on verra, avec autant de facilité, qu'à la *conjonction* la Lune A passe au méridien du lieu *m*, avec le Soleil; qu'au premier octant, elle y passe trois heures après le Soleil, etc. On verra aussi que, dans la première moitié de sa révolution, la Lune nous éclaire le soir et se couche à l'ouest, et que, pendant l'autre moitié de sa course, elle se lève vers l'est et disparaît le matin, à cause de la lumière diffuse (163).

212. *Lumière cendrée.* — Quelques jours avant ou après la conjonction, et quand la Lune nous apparaît sous la forme d'un croissant très-délié, la partie de son disque *non directement éclairée* par le Soleil est visible pour nous : elle semble faiblement illuminée par une lumière bleuâtre ou *cendrée.* Ce phénomène curieux, sur l'explication duquel les astronomes n'ont pas toujours été d'accord, est très-probablement produit par de la lumière solaire qui, après avoir été réfléchie à la surface de la Terre, est réfléchie de nouveau à la surface de la Lune. En effet, quand nous avons *nouvelle Lune,* un observateur placé à la surface de notre satellite aurait *pleine Terre.* D'ailleurs, le disque de la Terre, pour un tel observateur, serait environ 13 fois plus considérable que le disque de la Lune, vu de la Terre*.

Par suite, la quantité de lumière réfléchie par notre globe, au moment de la pleine Terre, est égale à 13 fois celle que nous recevons de son satellite**, à l'époque de la pleine Lune. Il est donc possible qu'elle soit assez intense pour rendre visible à nos yeux le disque lunaire.

* *Deux cercles sont entre eux comme les carrés de leurs rayons.* Or, le rapport des rayons terrestre et lunaire égale $\frac{11}{3}$ (207); de plus,

$$\left(\frac{11}{3}\right)^2 = \frac{121}{9} = 13\frac{4}{9}, \text{ etc.}$$

** Autrefois, on croyait la Lune *destinée* à éclairer la Terre; l'on pourrait dire, avec plus d'apparence de raison : *La Terre a été créée pour éclairer la Lune.* A cette occasion, l'illustre Laplace fait la remarque suivante :

« Quelques partisans des causes finales ont imaginé que la Lune avait été donnée à la Terre pour l'éclairer pendant les nuits. Dans ce cas, la nature n'aurait pas atteint le but qu'elle se serait proposé, puisque souvent nous sommes privés à la fois de la lumière du Soleil et de celle de la Lune. Pour y revenir, il eût suffit de mettre, à l'origine, la Lune en opposition avec le Soleil, dans le plan même de l'écliptique, à une distance de la Terre égale à la centième partie de la distance de la Terre au Soleil, et de donner à la Lune et à la Terre des vitesses parallèles proportionnelles à leur distance à cet astre. Alors la Lune, sans cesse en opposition au Soleil, eût décrit autour de lui une ellipse semblable à celle de la Terre; ces deux astres se seraient succédé l'un à l'autre sur l'horizon ; et comme à cette distance la Lune n'eût point été éclipsée, sa lumière aurait constamment remplacé celle du Soleil. » (*Exposition du Système du monde.*)

213. *Remarque.* — A cause de sa faible intensité, la lumière cendrée disparaît dès que le Soleil est sur l'horizon. Or, le jour même de la néoménie, la Lune se lève et se couche avec le Soleil. Il en est de même, à peu près, la veille et le lendemain. C'est donc trois ou quatre jours avant ou après la nouvelle Lune que l'on observe le mieux le phénomène : à la première époque, il précède le lever du Soleil; à la seconde, il a lieu après que le Soleil est couché.

Taches de la Lune. Rotation de la Lune sur elle-même.

214. La Lune présente un grand nombre de taches, visibles même à l'œil nu, et dont l'ensemble présente quelquefois à l'imagination l'apparence d'une figure humaine. Il est remarquable, que, depuis les temps les plus reculés, ces taches ont toujours eu la même disposition : les *cartes de la Lune,* dressées il y a dix-huit cents ans, ne diffèrent pas essentiellement des cartes actuelles. Autrement dit, l'hémisphère lunaire qui nous regarde a toujours été le même*.

Il résulte de là, évidemment, que la Lune, pendant qu'elle fait sa révolution sidérale autour de la Terre, exécute aussi une rotation sur elle-même. S'il existait une différence quelconque entre les durées de ces deux mouvements, cette différence, s'ajoutant à elle-même à chaque lunaison, produirait à la longue un certain nombre de jours, et, contrairement aux faits que nous venons de rapporter, les nouvelles cartes de la Lune ne ressembleraient pas aux anciennes. La théorie de la gravitation universelle rend compte de ce phénomène curieux ; de plus, elle prouve qu'il sera perpétuel : jamais nous ne verrons le second hémisphère lunaire.

215. De même que l'axe de la Terre est oblique au plan de l'écliptique, l'axe de rotation de la Lune n'est pas perpendiculaire au plan de l'orbite lunaire ; mais le *défaut de perpendicularité* est bien moindre pour le satellite que pour la planète. En effet, *l'équateur lunaire* fait avec l'écliptique un angle de

* Cependant, s'il en faut croire *MM. Schmidt*, *Flammarion* et *Chacornac*, notre satellite a été, récemment, le théâtre d'un phénomène bien remarquable : le *cratère de Linné* a, sinon disparu, du moins changé d'aspect. (*Comptes-rendus de l'Académie des sciences,* tome LXIV).

Si cette modification était constatée, la Lune ne serait plus, comme on l'a cru jusqu'à présent, un *corps privé de vie.*

4° 30′ 11″; de plus, ce dernier plan est incliné de 5° 8′ 48″ sur le plan de l'*orbite lunaire;* donc l'*obliquité* de l'*équateur sur l'orbite* est tout au plus égale à 6° 39′ : ce dernier angle correspond à celui que l'on appelle *obliquité de l'écliptique,* dans la théorie de la Terre.

Libration de la Lune.

216. Bien que la Lune nous présente sans cesse le même hémisphère, l'observation attentive des taches situées vers le bord de son disque semble prouver qu'elle oscille périodiquement autour d'une position moyenne. Ce balancement, cette *libration* est une illusion d'optique, dont il est facile de trouver l'explication.

217. *Libration en longitude.* — Concevons la droite menée du centre de la Terre T au centre de la Lune L, et soit P le point où elle rencontre la surface de cet astre. Si l'orbite lunaire était une circonférence dont T fût le centre, et si la Lune parcourait cette orbite avec une vitesse angulaire constante, égale à sa vitesse angulaire de rotation, le point P, dans ses positions successives P, P′, P″,... occuperait constamment le centre de l'hémisphère visible : c'est ce que la figure ci-jointe rend évident. Mais, outre les irrégularités provenant de l'obliquité de l'orbite, du déplacement de la ligne des nœuds, etc., la Lune se meut sur une ellipse LL′L″..., et sa vitesse de translation est donnée par la deuxième loi de Kepler : si, par exemple, les deux secteurs LTL′, L′TL″ qui composent la demi-ellipse sont équivalents, la Lune emploiera des temps égaux pour aller de l'apogée L à la position L′, et pour aller de cette position L′ au périgée L″. Et comme sa vitesse de rotation est constante, elle aura dû exécuter un quart de révolution autour de son axe, en passant de L en L′. Il résulte de là que le point P sera venu en P′, *à la droite* du centre C de l'hémisphère visible. Ainsi, *quand la Lune part de l'apogée, la tache qui occupait primitivement le centre du disque s'écarte d'abord de ce centre et se rapproche du bord occidental; au moment du périgée, elle se retrouve au centre.* Le contraire

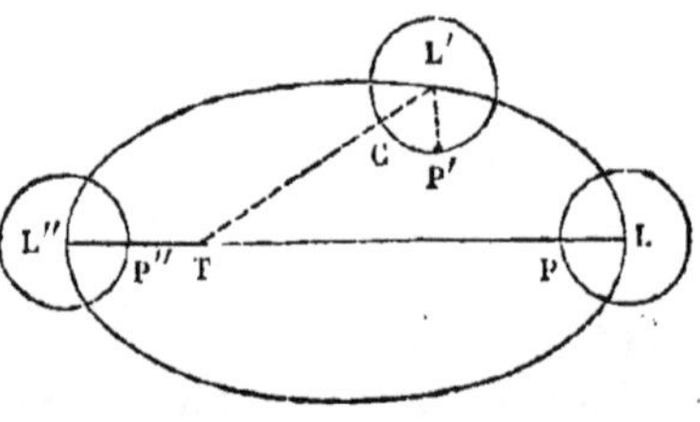

a lieu, évidemment, dans la seconde partie de la révolution lunaire.

Cette première oscillation apparente de la Lune, ayant lieu parallèlement à l'écliptique, a été appelée *libration en longitude.*

218. *Libration en latitude.* — Suivant que la Lune est *au-dessus* ou *au-dessous* de l'écliptique, nous voyons son pôle *sud* ou son pôle *nord,* absolument comme si elle s'inclinait en *arrière* ou en *avant,* par rapport à l'observateur. Ce nouveau balancement, perpendiculaire à l'écliptique, est la *libration en latitude.*

219. *Libration diurne.* — Le plan de l'orbite lunaire passe par le centre de la Terre; par conséquent, si nous faisons abstraction des deux premières librations, nous pourrons dire que, pour un observateur A placé en ce centre, les taches auront toujours le même aspect. Mais il n'en est plus de même pour un observateur B placé à la surface de la Terre : à mesure que la Lune s'élève sur son horizon, il découvre de nouveaux points de la surface lunaire, invisibles pour A. Les choses se passent donc comme si la Lune s'inclinait vers l'observateur B, tantôt dans un sens, tantôt dans un autre, et d'une quantité croissante ou décroissante chaque jour : de là, l'expression de *libration diurne.*

Montagnes et vallées de la Lune.

220. Quand on ne se contente pas de la vue simple, et qu'on observe la Lune avec des instruments un peu puissants, on reconnaît que sa surface est couverte de points éclairés, accompagnés de portions latérales obscures, dont la position et l'étendue varient avec les phases lunaires. On ne peut douter que les points brillants ne soient les sommets de montagnes, et que les parties obscures ne soient, ou les ombres projetées par ces montagnes, ou encore des vallées profondes dans lesquelles n'arrive pas la lumière *directe* du Soleil.

En effet, ces taches ont toujours la situation et la longueur qu'elles doivent avoir, eu égard à la position du Soleil : au moment de l'opposition, elles disparaissent presque complètement, parce que nous voyons la Lune dans la direction où elle est éclairée. De plus, à toutes les autres époques de la lunaison, les deux bords du disque ont des contours de nature bien différente : celui qui est tourné vers le Soleil est circulaire et presque uni, tandis que l'autre bord présente des *échancrures* et *dentelures,* avec *ressauts* et *points proéminents*. La raison de cette différence d'aspect est facile à saisir : le premier bord appartient à une partie de la surface lunaire sur laquelle les rayons solaires tombent presque normalement, l'autre bord, au contraire, est la ligne de séparation entre la partie éclairée et la partie obscure de la Lune : il a le *Soleil levant* ou *couchant*. Si la surface lunaire était unie, cette ligne serait vue suivant une ellipse parfaite. Mais si la Lune est couverte de hautes montagnes, celles qui seront voisines de la partie obscure projetteront de longues ombres, plus ou moins accidentées, sur les plaines environnantes.

Les *points proéminents* s'expliquent encore plus facilement: tout le monde sait que le Soleil continue à éclairer la cime des montagnes, quand les vallées sont déjà plongées dans l'obscurité.

221. D'après les mesures des ombres des montagnes lunaires les plus remarquables, on a pu calculer les hauteurs de celles-ci. MM. Beer et Maedler ont donné une liste de 1 095 hauteurs: quelques-unes atteignent 7 600 mètres, ou environ 2 800 mètres de plus que le mont Blanc. Si l'on se rappelle que le rayon de la Lune est seulement les $\frac{3}{11}$ du rayon terrestre, on reconnaîtra que les *aspérités* de la surface de notre satellite peuvent êtres rendues très-sensibles sur un modèle en relief, ce qui n'a pas lieu pour la Terre (90).

222. Les montagnes de la Lune ont, en général, un aspect frappant par leur singularité et leur uniformité : au lieu d'être disposées en chaînes presque rectilignes, comme cela a lieu ordinairement sur notre globe, elles forment presque toutes des *cirques* semblables à ceux des Pyrénées et de l'Auvergne, et dont les centres sont occupés par des *pitons* élevés. De plus, les fonds de quelques-uns de ces cirques sont très-*déprimés* au-dessous de la surface générale de la Lune, la profondeur intérieure étant souvent le double ou le triple de la hauteur extérieure. On conclut, de toutes ces circonstances, que *les montagnes lunaires sont d'anciens volcans* : rien, dans leur aspect, ne peut faire supposer qu'elles aient été produites par l'action des liquides*.

223. *Cartes de la Lune.* — On possède un assez grand nombre de cartes qui figurent, plus ou moins exactement, les monta-

* « Dans quelques-unes des principales, on peut observer, ainsi que je l'ai fait avec de bons télescopes, des traces décisives de stratification volcanique, résultant de dépôts successifs de matière ayant fait éruption. » (*Astronomie* de J. Herschel; traduction de M. Vergnaud.)

gnes, les vallées, les cirques et les cratères du seul hémisphère lunaire que nous puissions apercevoir *. Les plus estimées sont celles de Dominique Cassini, de Russel, de Lorhman, et enfin celle de MM. Beer et Maedler. Sur ces cartes, les contrées de la Lune, ou plutôt les principales taches, sont appelées : *Sinus-Medii, Insula, Manilius, Eratosthenes, Copernicus, Linné **, etc.*

Constitution physique de la Lune ***.

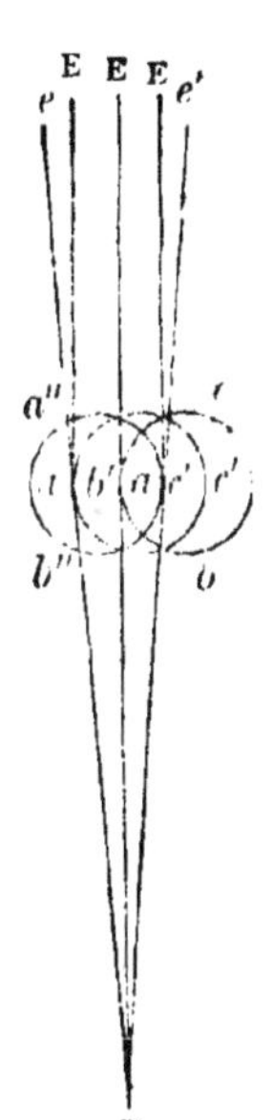

224. *La Lune n'a pas d'atmosphère.* — Si la Lune était entourée d'une atmosphère ayant quelque analogie avec la nôtre, et, par conséquent, réfractant la lumière, voici ce qui arriverait au moment de l'*occultation* d'une étoile E par le globe lunaire.

Soient *abc*, *a'b'c'*, *a''b''c''* trois positions consécutives de notre satellite; soit T un observateur, placé à la surface de la Terre.

Tant que l'atmosphère lunaire n'atteint pas le rayon lumineux ET, ce rayon n'éprouve aucune réfraction, et l'étoile est vue dans sa véritable direction TE. Quand la Lune vient en *a'b'c'*, le rayon E*a'*, au lieu de se continuer en ligne droite, s'infléchit suivant *a'*T à sa rencontre avec la couche atmosphérique, et l'étoile E paraît située en *e*. Enfin, la Lune venant en *a''b''c''*, l'étoile disparaît, après avoir été vue dans la direction T*e'*.

En résumé, avant l'*immersion,* l'étoile E semblerait fuir la

* En 1821, M. le professeur Gruithuysen, de Munich, crut découvrir, dans une région voisine du centre de la Lune, une série de *remparts* parallèles coupés transversalement par d'autres remparts : tout cela lui parut le résultat de travaux de fortification, exécutés par les habitants de la Lune.

Les observations postérieures de Lohrman et de MM. Beer et Maedler ont prouvé que les *remparts de Gruithuysen* étaient des formations naturelles, analogues à celles que l'on observe dans d'autres parties de notre satellite.

** Voyez la note de la page 95.

*** Ce qui précède se rapportant principalement à la *sélénologie* (pour ainsi dire la *géologie* de la Lune), nous avons dû réunir, dans un paragraphe particulier, les questions relatives à l'*absence d'atmosphère*, à la *température, etc.*

Lune. Après l'*émersion* *, l'effet contraire aurait lieu : la Lune paraîtrait entraîner l'étoile. En outre, le temps de l'occultation serait beaucoup plus court qu'il ne devrait être, eu égard à la vitesse de la Lune, et à la grandeur de son diamètre apparent.

Or, les apparences singulières que nous venons d'indiquer ne se réalisent jamais; de plus, le temps pendant lequel dure l'occultation est toujours rigoureusement égal au temps calculé. Il n'est donc pas possible d'assigner à notre satellite une atmosphère d'une densité appréciable **.

225. *Absence d'eau à la surface de la Lune.* — La Lune, étant dépourvue d'atmosphère, doit également être dépourvue d'eau. En effet, si des masses liquides, semblables à nos mers, à nos fleuves, etc., étaient transportées à la surface de la Lune, *elles se vaporiseraient instantanément,* et produiraient une atmosphère.

226. *Conséquences de l'absence d'atmosphère et de liquides.* — La vie organique, telle que nous la concevons, exige impérieusement la présence de gaz et de liquides : dans le vide, les animaux et les végétaux périssent promptement. Puisque notre satellite est privé des deux agents sans lesquels les fonctions vitales sont impossibles, *il est inhabité* ***.

227. *Climat de la Lune.* — Il doit être fort extraordinaire, puisque notre satellite, à peu près à la même distance que nous par rapport au Soleil, a son *jour solaire* 30 fois plus long que le nôtre (194). Les différences de température, produites par un Soleil qui brille pendant 15 jours, et auquel succède une nuit de même durée, doivent être énormes : rien, sur notre globe, ne peut donner l'idée de telles alternatives de chaud et de froid.

* On appelle *immersion* et *émersion* la disparition et la réapparition d'un astre.

** Si cette densité était seulement celle de l'air contenu dans une machine pneumatique après qu'on y a fait le vide, les rayons lumineux qui traverseraient l'atmosphère lunaire seraient déviés d'au moins 1″. Le temps d'une occultation serait donc augmenté du temps que la Lune emploie pour s'avancer de 2″, par rapport aux étoiles. Or, à raison de 13° 11′ pour 24 heures, 2″ de degré correspondent à 4ˢ de temps, quantité trop considérable pour qu'un observateur la puisse négliger.

*** Cette conclusion, souvent regardée comme trop absolue, revient à celle-ci, qui nous paraît inattaquable : *Il est impossible, même à l'esprit le plus fertile en hypothèses, de se représenter des êtres pouvant vivre à la surface de la Lune.*

228. *La Lune ne nous envoie pas de chaleur.* — Quoique l'hémisphère lunaire qui nous regarde doive, au moment de l'opposition, être très-échauffé, *peut-être* même à un degré bien supérieur à celui de l'eau bouillante, nous n'en recevons aucune chaleur appréciable; le thermomètre le plus sensible, placé au foyer d'un miroir parabolique tourné vers la Lune, n'accuse aucune élévation de température. On doit admettre, d'après cela, que la chaleur réfléchie à la surface de la Lune est absorbée dans son passage à travers les espaces célestes, et qu'elle n'arrive pas jusqu'à la Terre.

229. *Aspects du Soleil et de la Terre, à la surface de la Lune.* — « Si nous pouvions nous transporter sur le globe lunaire, nous y jouirions d'un spectacle fort extraordinaire. Les jours y seraient à peu près 27 * fois plus longs que les nôtres. Vers les pôles, le Soleil serait toujours près de l'horizon, tandis que, près de l'équateur, les régions seraient continuellement échauffées par le Soleil pendant quinze jours, et les nuits y seraient ensuite excessivement froides. On n'y connaîtrait pas, comme en notre Terre, l'inégalité des jours et des saisons, ou du moins elle serait inappréciable à cause de la faible inclinaison de l'axe lunaire sur l'écliptique; on n'y connaîtrait pas non plus la distinction des jours et des années, puisque le temps d'une révolution est égal au temps d'une rotation de la Lune sur elle-même. Les habitants ** de l'hémisphère qui nous est opposé n'auraient jamais vu la Terre, à moins d'être venus sur la partie qui nous est visible : alors ils verraient notre globe occupant dans le ciel un espace 13 fois plus grand que celui que nous voyons occuper au leur. Nos vastes continents, nos mers, nos forêts même leur seraient visibles; ils apercevraient les immenses monceaux de glace qui s'amoncellent vers les pôles, et les ceintures de verdure qui s'étendent des deux côtés de l'équateur, ainsi que ces mers de nuages qui flottent au-dessus de nos têtes, et qui leur déroberaient parfois nos régions. L'incendie d'une ville ou d'une forêt n'échapperait point à leurs regards; et, s'ils étaient munis de bons instruments optiques, ils verraient jusqu'à la construction des villes nouvelles, jusqu'au déplacement de nos flottes; ils remarqueraient surtout avec étonnement la rotation de notre

* Ce nombre est celui qui se trouve dans l'*Astronomie élémentaire*, probablement par suite d'une erreur typographique : on doit le remplacer par 30.

** S'il pouvait y en avoir.

Terre sur son axe, et ses différentes phases, selon ses positions relativement au Soleil. Toutes ces observations leur seraient d'autant plus faciles, que ce globe immense demeurerait continuellement suspendu sur leur horizon, et toujours vers le même point. Ainsi pour un *sélénite,* habitant le centre de la partie visible du disque lunaire, notre globe serait toujours suspendu au zénith, et permettrait de faire des observations aussi sûres que faciles. A mesure qu'on irait vers les bords de la Lune, notre Terre baisserait vers l'horizon du spectateur, et s'y trouverait entièrement, quand l'observateur se disposerait à passer sur l'autre face, où il cesserait de nous voir. Ce que nous venons de dire suffit pour faire concevoir combien la vie d'un sélénite sédentaire deviendrait monotone; il jouirait à peu près toujours d'un même spectacle, admirable, à la vérité, mais qui deviendrait ennuyeux à la longue. Au contraire, le voyageur pourrait y varier ses plaisirs, et trouver autant de spectacles, autant de climats nouveaux, qu'il trouverait de points à la surface de son globe *. »

Résumé.

La *distance de la Lune à la Terre* est à peu près constante.

La Lune tourne autour de la Terre; elle effectue son mouvement de rotation en une période d'environ 29 jours, qui constitue un *mois lunaire* ou une *lunaison.*

La Lune est un satellite de la Terre, c'est-à-dire qu'elle l'accompagne dans son mouvement de translation autour du Soleil.

Elle n'est pas lumineuse par elle-même; elle nous envoie seulement de la lumière *solaire,* réfléchie à sa surface. Son *diamètre* apparent a une valeur moyenne de 31′7″. Son *orbite* est plus *excentrique* que celle de la Terre.

Lorsque deux astres ont même longitude, ils sont en *conjonction;* ils sont en *opposition* lorsque leurs longitudes diffèrent de 180°.

La *néoménie* est l'instant de la nouvelle Lune; le nom de *syzygies* se donne à la nouvelle et à la pleine lune, et l'on appelle *quadratures* le premier et le dernier quartier.

La *révolution synodique* est le temps qui s'écoule entre deux néoménies successives.

La *révolution synodique,* ou *mois lunaire,* ou *lunaison,* est de 29,530 588 6 jours solaires moyens.

* QUETELET, *Astronomie élémentaire.* — A cet intéressant tableau de la vie d'un sélénite, nous ajouterons que, *si la Lune avait eu des habitants, il ne nous aurait pas été impossible d'entrer en correspondance avec eux.* L'illustre Gauss n'a pas dédaigné de traiter cette proposition.

La *révolution tropique* de la Lune est le temps qui s'écoule entre deux retours consécutifs de cet astre au cercle de longitude passant par l'équinoxe de printemps, et la *révolution sidérale* est le temps qu'emploie la Lune à revenir au même point du ciel.

Le *mouvement diurne moyen* de la Lune est égal à 13° 10′ 34″,89. Le *jour lunaire moyen* est, à peu près, de $24^h\ 52^m\ 42^s,33$.

L'*orbite sphérique* de la Lune est une circonférence de grand cercle, dont le plan est incliné, sur celui de l'écliptique, de 5° 8′ 48″.

On donne le nom de *ligne des nœuds* à la droite suivant laquelle le plan de l'orbite lunaire coupe le plan de l'écliptique. Les *nœuds* sont les points où l'orbite sphérique rencontre l'écliptique ; ce sont aussi les points d'intersection de la véritable trajectoire lunaire avec le plan de l'écliptique.

La ligne des nœuds effectue sa révolution en 18,6 ans environ. La courbe décrite par la Lune autour de la Terre est une ellipse, dont la Terre occupe un foyer.

Le grand axe de l'orbite lunaire, ou *ligne des apsides*, exécute autour de la Terre, dans le sens du mouvement propre de la Lune, une révolution complète en 9 ans à peu près.

La trajectoire décrite par la Lune est une courbe du genre de l'*épicycloïde*.

La *distance* moyenne de la Lune à la Terre est de 59,96 rayons terrestres.

Le *rayon* de la Lune n'est guère que les $\frac{3}{11}$ du rayon terrestre. Son *volume* est à peu près $\frac{1}{49}$ du volume de la Terre. Par rapport à la Terre la *masse* de la Lune est environ $\frac{1}{75}$, et sa densité 0,653.

La *lumière cendrée* rend visible pour nous la partie de la Lune non directement éclairée par le Soleil : ce phénomène a lieu quelques jours avant ou après la conjonction.

Les *taches* de la Lune démontrent que la Lune exécute aussi une rotation sur elle-même.

L'équateur lunaire fait avec l'écliptique un angle de 1° 30′ 11″ ; l'obliquité de l'équateur sur l'orbite est tout au plus égale à 6° 39′.

La Lune est douée d'un balancement ou *libration en longitude*, qui est parallèle à l'écliptique, et d'un autre, perpendiculaire à l'écliptique : c'est la *libration en latitude*.

Les taches de la Lune sont des *montagnes* ou *volcans* qui s'élèvent jusqu'à 7 600 mètres.

La permanence de ces taches prouve que la Lune effectue, dans le même temps, son mouvement de rotation et son mouvement de translation autour de la Terre.

La Lune n'a pas d'*atmosphère;* par conséquent elle n'a *pas d'eau*, et il résulte de là qu'*elle est inhabitée*. Son *climat* doit être fort extraordinaire.

Elle ne nous envoie *aucune chaleur* appréciable.

Les jours doivent y être à peu près 30 fois plus longs que les nôtres.

CHAPITRE VIII.

Éclipses de Lune et de Soleil (230-243).

Causes des éclipses.

230. *Éclipses de Soleil.* — Lorsque la Lune vient à passer *entre* la Terre et le Soleil, nous cessons d'apercevoir celui-ci : il y a donc *éclipse de Soleil.* On a déjà vu (192) que ce phénomène se produirait à toutes les néoménies, si l'orbite lunaire était confondue avec l'écliptique.

231. *Éclipses de Lune.* — Elles sont dues à une autre cause. La Terre, éclairée par le Soleil dans une direction, projette à chaque instant, dans une direction opposée, un *cône d'ombre* *. Si la Lune vient rencontrer ce cône, elle se trouve privée des rayons solaires pendant quelques instants ; son disque, qui devrait être entièrement illuminé, puisque les deux astres sont en opposition, devient invisible, en tout ou en partie.

Différences entre les deux espèces d'éclipses.

232. Ce qui distingue essentiellement les éclipses de Soleil des éclipses de Lune, c'est que les premières sont *locales,* et que les autres sont *générales* **. De plus, les éclipses de Lune commencent et finissent en même temps pour tous les lieux où elles sont visibles, tandis que les éclipses de Soleil commencent et finissent à différentes heures pour les différents pays. La raison de ces différences est facile à saisir.

En effet, *pour qu'il y ait éclipse de Soleil* en un point déterminé de la Terre, *il faut que la Lune porte ombre* sur ce point : ce qui exige qu'elle soit située dans le cône circonscrit au globe solaire et ayant ce même point pour sommet. D'ailleurs, à mesure que la Lune se déplace, son ombre se déplace aussi. Au contraire, *une éclipse de Lune est une ombre portée par la Terre* sur son satellite ; elle est donc visible, au même instant, pour tous les lieux qui ont la Lune sur leur horizon.

* Voir ci-après.
** Du moins pour un même hémisphère.

Ces deux phénomènes ne sont d'ailleurs que la reproduction, *en grand*, d'un autre phénomène très-fréquent. Lorsqu'un nuage vient, au milieu d'un ciel pur, à passer devant le Soleil, ceux qui en reçoivent l'ombre éprouvent une véritable *éclipse de Soleil,* tandis qu'ils sont presque *éclipsés* aux yeux des personnes placées au loin.

233. *Remarque.* — Au moment d'une *éclipse de Soleil,* il y aurait *éclipse de Terre*, partielle ou totale, pour un sélénite ; et, au contraire, *quand la Terre porte ombre sur la Lune,* il y a, pour celle-ci, *éclipse de Soleil.*

Conditions de possibilité des éclipses.

234. *Ombre et pénombre.* — Soient BDD'B', CE'EC' les sections faites dans le Soleil S et dans un autre astre A, par un plan quelconque passant suivant la ligne des centres. Menons aux deux grands cercles ainsi obtenus la tangente commune *extérieure* BC, et la tangente commune *intérieure* DE. Si ces deux droites tournent autour de SO, elles engendreront le *cône d'ombre pure* BOB' et le *cône de pénombre* FO'F'.

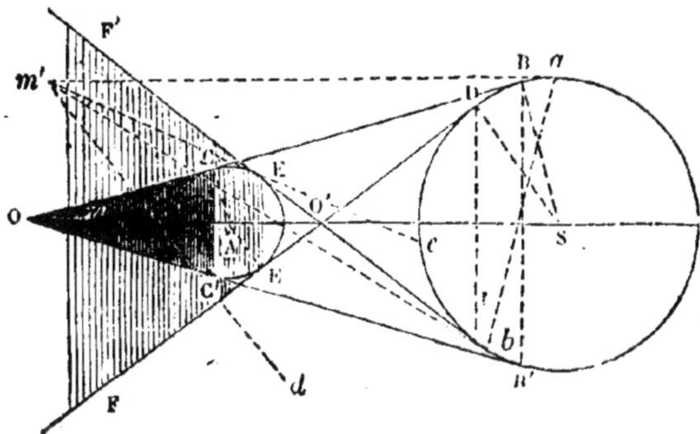

Voici les raisons de ces dénominations. Un point tel que *m*, intérieur au premier cône, ne reçoit aucune partie de la lumière solaire ; il serait invisible pour tous les habitants de l'astre A : il est dans l'*ombre pure*. Au contraire, le point *m'*, situé extérieurement au premier cône, et intérieurement au second, est traversé par des rayons émanés de la partie *ca* de la surface solaire. *Moins éclairé* que le point *m''*, par exemple, il est cependant visible pour certains habitants de l'astre A : on dit qu'il est dans la *pénombre*.

Ce n'est pas tout : si l'on suppose en *m* un observateur, il est évident qu'il n'apercevra aucun point du disque solaire : il y aura, pour lui, *éclipse totale de Soleil*. De même, un observateur placé en *m'* verrait la partie *ca* de la surface du Soleil ; mais la partie *cb* de l'astre radieux, qui serait visible sans la présence du *corps opaque* A, reste cachée à ses yeux : il y a, pour cet observateur, *éclipse partielle de Soleil*.

235. *Éclipses de Lune.* — D'après cela, *pour qu'il puisse y avoir éclipse de Lune, il est nécessaire que ce satellite pénètre, en tout ou en partie, dans le cône d'ombre pure de la Terre* A. Or, un calcul très-simple démontre que *la longueur* OA *du cône d'ombre pure* égale environ 217 rayons terrestres. D'un autre côté, la distance moyenne de la Lune à la Terre est égale seulement à 60 rayons. *Les éclipses de Lune sont* donc *possibles à toutes les oppositions*.

236. *Éclipses de Soleil.* — Supposons maintenant que A soit la Lune, et que *m*, *m'* soient divers points de la surface terrestre. D'après les explications précédentes, *pour qu'il puisse y avoir éclipse de Soleil, totale ou partielle, en un lieu donné, il faut que ce lieu soit dans le cône d'ombre ou dans le cône de pénombre de la Lune*. En ayant égard aux limites entre lesquelles varient les distances mutuelles du Soleil, de la Terre, de la Lune, et aux dimensions de ces astres, on arrive à la conclusion suivante : *L'éclipse totale de Soleil est possible quand la Lune est au périgée et la Terre à l'aphélie*.

Éclipses partielles, totales et annulaires.

237. Nous venons d'indiquer dans quelles circonstances se produisent les *éclipses partielles* et les *éclipses totales*. Les *éclipses annulaires de Soleil* peuvent avoir lieu quand la seconde nappe du cône d'ombre projeté par la Lune rencontre la surface de la Terre. Supposons, en effet, qu'un observateur

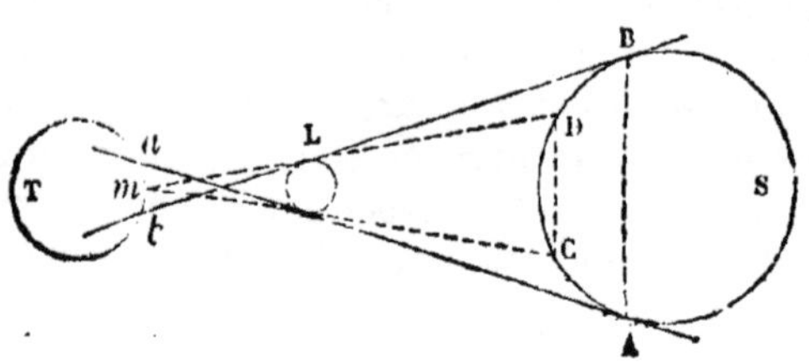

soit placé en *m* dans la zone terrestre *ab* déterminée par ce cône : il n'apercevra aucun point de la zone solaire CD; mais il pourra recevoir des rayons lumineux émanés de la bande BACD. Le Soleil lui apparaîtra donc comme *un anneau lumineux entourant un cercle noir.*

238. *Remarque.* — En certaines occasions très-rares, une éclipse de Soleil peut être *totale* dans un lieu et *annulaire* dans un autre. Cela n'arrive que si les diamètres apparents de la Lune et du Soleil sont presque égaux. La Lune ne se trouvant pas à la même distance de tous les points de la surface terrestre, des observateurs peuvent voir la Lune *plus grande* que le Soleil, d'autres la voyant *plus petite.*

Périodicité des éclipses.

239. Nous avons dit que si la Lune se mouvait dans le plan de l'écliptique, il y aurait éclipse de Soleil à toutes les conjonctions, et éclipse de Lune à toutes les oppositions. Par suite de l'obliquité de l'orbite lunaire, le retour des éclipses n'est pas aussi fréquent; néanmoins il est, à fort peu près, *périodique.*

En effet, si une éclipse a eu lieu, c'est parce que la Lune, en conjonction ou en opposition avec le Soleil, n'avait pas une latitude trop grande, c'est-à-dire *parce qu'elle n'était pas trop éloignée de son nœud.* Si donc, au bout d'un certain temps, le cercle de *latitude géocentrique* * et la ligne des nœuds ont repris la même position *relative,* il y aura, pour ainsi dire, *reproduction* de l'éclipse déjà observée.

Or, en 18 *ans* 11 *jours et demi,* il y a, presque exactement, soit 223 lunaisons, soit 19 révolutions synodiques du nœud **. Les éclipses doivent donc se représenter dans le même ordre au bout de ce laps de temps, en sorte qu'il est très-facile de les prédire. Seulement, comme la différence entre les deux produits obtenus ci-dessus s'élève à près de la moitié d'un jour moyen, on s'exposerait à de graves erreurs si l'on croyait

* Une longitude est *géocentrique* ou *héliocentrique,* selon qu'elle est comptée du centre de la Terre ou du centre du Soleil.

** La *révolution synodique des nœuds* est le temps qui s'écoule entre deux passages successifs du Soleil par un même nœud lunaire. Ce temps égale 346j,619 692 *jours moyens.* D'un autre côté, la durée d'une lunaison est de 29j,530 589 (194). Or, si l'on multiplie le premier nombre par 19 et le second par 223, on trouve, à fort peu près, 6585,5 ou 18a 11j,5. Cette période était connue des Chaldéens, qui lui avaient donné le nom de *Saros.*

qu'au bout de 18 ans 11 jours les éclipses redeviennent semblables en grandeur et en durée *. Voici un petit tableau qui peut servir à prouver cette assertion :

1833.	Éclipse de	1850-51.	Éclipse de
6 janvier.	Lune, visible à Paris.	17 janvier.	Lune, visible à Paris.
20 janvier.	Soleil, invisible.	1er février.	Soleil, *annulaire*, invis.
1er juillet.	Lune, visible.	13 juillet.	Lune, invisible.
17 juillet.	Soleil, visible.	28 juillet.	Soleil { *tot.* en Islande. / *partiel.* à Paris.
26 décemb.	Lune, *totale*, visible.	7 janvier.	Lune, *totale*, visible.

Fréquence des éclipses.

240. « Les tables du Soleil et de la Lune prouvent que, terme moyen, on peut observer sur toute la Terre 70 éclipses en 18 ans : 29 de Lune et 41 de Soleil.

« Jamais, dans une année, il n'y a *plus de sept* éclipses; jamais il n'y en a *moins de deux*.

« Quand le nombre des éclipses est réduit à deux dans une année, elles sont toutes les deux de Soleil.

« Sur l'ensemble du globe, le nombre d'éclipses de Soleil est *supérieur* au nombre d'éclipses de Lune, presque dans le rapport de 3 à 2. *Dans un lieu donné*, il y a, au contraire, moins d'éclipses visibles du premier de ces astres que du second (232).

« Dans chaque période de 18 ans, il y a, terme moyen, 28 éclipses de Soleil *centrales*, c'est-à-dire susceptibles de devenir, suivant les circonstances, *annulaires* ou *totales*; mais comme la zone terrestre le long de laquelle l'éclipse peut avoir l'un ou l'autre de ces caractères est très-étroite, dans un lieu donné les éclipses totales ou annulaires sont extrêmement rares.

« Halley trouvait, en 1715, qu'à partir du 20 mars 1140, c'est-à-dire dans une période de 575 ans, il n'y avait pas eu à

* Il y a plus : les éclipses de Soleil étant *locales*, cette période ne peut pas faire connaître s'il y aura éclipse *dans un lieu déterminé*. Du reste, toutes ces recherches empiriques n'ont plus aucun intérêt. Aujourd'hui, c'est par l'emploi des tables du Soleil et de la Lune, tables dont la construction repose sur les théories mathématiques les plus délicates, que les astronomes annoncent, plusieurs années à l'avance, ces importants phénomènes.

Londres une seule éclipse totale de Soleil. Depuis l'éclipse de 1715, Londres n'en a vu aucune autre. A Montpellier, beaucoup mieux favorisé par la combinaison des éléments divers qui concourent à la production du phénomène, nous trouvons des éclipses totales :

le 1er janvier 1386,
le 7 juin 1415,
le 12 mai 1706,

sans compter l'éclipse totale du 8 juillet 1842.

« A Paris, pendant le XVIIIe siècle, on n'a vu qu'une éclipse totale de Soleil, celle de 1724.

« Dans le XIXe siècle, il n'y en a pas eu encore et il n'y en aura pas *. »

Phénomènes qui accompagnent les éclipses.

241. *Éclipses de Lune.* — Au moment où la Lune entre dans le cône de pénombre, la lumière s'affaiblit; en sorte qu'il est extrêmement difficile de reconnaître l'instant où commence l'éclipse et celui où elle finit.

Quand l'éclipse est totale, la Lune est quelquefois invisible tout à fait; d'autres fois son disque reste visible et paraît rougeâtre. Cette couleur de la Lune, que les anciens trouvaient *effrayante*, provient de la décomposition qu'éprouvent les rayons solaires en traversant l'atmosphère terrestre.

Notre atmosphère produit encore un autre effet : elle allonge le cône d'ombre, comme si le rayon de la Terre était augmenté. Par suite, l'éclipse est un peu agrandie **.

On comprend que ce phénomène est dû à l'*affaiblissement* éprouvé par les rayons solaires en traversant les couches les plus denses de l'atmosphère, celles qui sont les plus voisines de la surface. Les astronomes, pour tenir compte de cette action atmosphérique, augmentent ordinairement de $\frac{1}{60}$ le rayon terrestre.

242. *Éclipses de Soleil.* — Dans les éclipses totales, on aperçoit une *couronne lumineuse* autour du disque lunaire. Comme

* ARAGO, *Comptes rendus des séances de l'Académie des sciences*, tome XIV, page 843.

** Pour indiquer la grandeur d'une éclipse, on suppose le diamètre du disque partagé en 12 parties égales, appelées *doigts :* si l'ombre de la terre cache les $\frac{7}{12}$ du diamètre lunaire, l'éclipse est de 7 doigts.

elle reste concentrique au Soleil quand la Lune se déplace, on suppose qu'elle est due à la *troisième atmosphère* solaire, à laquelle on attribue aussi la lumière zodiacale.

Le ciel s'obscurcit assez, lors d'une éclipse totale de Soleil, pour qu'on puisse distinguer quelques étoiles de première grandeur. Cette disparition presque subite de la lumière, jointe à un abaissement très-sensible de température et à la teinte blafarde que prennent les objets, émeut toujours beaucoup ceux qui en sont témoins; les animaux même refusent de manger et cherchent un refuge*. Autrefois, une éclipse totale de Soleil ou de Lune était regardée comme l'annonce d'un malheur public, et causait toujours une grande frayeur : en 1654, sur la simple annonce d'une éclipse totale, une multitude d'habitants de Paris allèrent se cacher au fond des caves!

243. *Éclipse totale du 18 juillet 1860.* — Parmi les observations de cette magnifique éclipse, l'une des plus fécondes en résultats importants ou curieux, est celle qui a été faite à Batna (Algérie) par MM. *Laussedat, de Salicis, Mannheim, Bour* et *Girard*. Le mémoire présenté à l'Académie par ces habiles observateurs a été l'objet d'un rapport très-favorable, dont nous extrayons les passages suivants:

« La durée de l'observation totale a donc été de $2^m 58^s,6$. Les Tables de M. Hansen, qui s'accordent d'ailleurs très-bien avec l'observation précédente, donnaient $3^m 11^s$, c'est-à-dire 12^s de trop. Des différences analogues s'étant manifestées partout dans le même sens, M. Laussedat en conclut que *le diamètre de la Lune doit être diminué*....

« .... Afin de mieux faire juger de l'influence de l'éclipse sur la température, M. le capitaine Mannheim a retracé, au moyen de courbes, la marche du thermomètre pendant les journées des 16, 17, 18 et 19 juillet. Celle du 18 présente, à l'heure de l'obscurité totale, une chute rapide, bien différente de l'ondulation déterminée par l'ombre d'un nuage. Il résulte de ces courbes que *le refroidissement de l'éclipse* a été de 10°. Pour donner une idée de la rapidité de cette variation, il nous suffira d'ajouter qu'en huit minutes, de $3^h 40^m$ à $3^h 48^m$, le thermomètre n'a pas baissé de moins de 5°,3....

« .... Les astronomes ne manquent pas, en pareille occasion, de surveiller attentivement les extrémités des *cornes du*

* « Pendant l'éclipse du 8 juillet 1842, *totale* à Perpignan, le chien de M. L..... se réfugia entre les jambes de son maître. » (*Annuaire du Bureau des longitudes*, pour 1846.)

croissant solaire. Presque toujours ces cornes restent nettes et effilées, même lorsque le croissant est d'une grande minceur, à moins qu'une montagne de la Lune ne vienne en tronquer passagèrement l'extrémité. Ce phénomène s'est produit à Batna, mais avec une particularité toute nouvelle : *la troncature* était considérable, et de plus *arrondie....*; en même temps le croissant se dilata dans le sens de l'épaisseur, sa convexité parut plus marquée, sa concavité parut s'aplatir; et, ce qu'il y a de plus remarquable, c'est que ce phénomène, noté par les observateurs qui avaient l'œil à la lunette en cet instant, se reproduisit exactement sur l'empreinte photographique correspondante....

« Lorsque le croissant fut réduit à une minceur extrême.... apparurent sur le sol ces *franges* étonnantes, après lesquelles les enfants couraient en 1842.... Sur ce point, comme sur tous les autres, la commission algérienne était prête : une grande feuille de papier blanc avait été d'avance fixée à une des parois de la baraque photographique, et le capitaine Mannheim guettait l'apparition *. Une minute environ avant l'obscurité totale, ces franges se montrèrent en effet : elles étaient *incolores,* rectilignes, parallèles entre elles, et se mouvaient dans le sens perpendiculaire à leur longueur. Espacées d'abord de 1 décimètre, elles se resserrèrent ensuite, en augmentant de vitesse. M. Mannheim eut l'heureuse idée de mesurer leur inclinaison; elle était de 49° 46'. Plus tard, on a reconnu... que *cette direction était sensiblement celle de la tangente au disque lunaire, au point du premier contact intérieur....*

« Nous n'insisterons pas sur l'*auréole striée* ou *rayonnée* qui apparut à l'instant de l'obscurité totale, car l'Académie se rappelle encore le curieux dessin de M. Laussedat, et l'*aigrette, en forme de panache recourbé,* qui frappa alors tous les yeux. L'obscurité ne fut pas bien profonde, et pourtant on reconnut à l'œil nu les quatre planètes Mercure, Vénus, Jupiter et Saturne, et cinq ou six étoiles brillantes....

« Le dernier fait que nous ayons à signaler est bien remarquable.... MM. Bour et Mannheim ont vu, l'un à l'œil nu, l'autre avec une lunette, *un point lumineux sur le disque même de la Lune.* C'est une reproduction du phénomène qui avait si vivement frappé l'amiral Ulloa et ses compagnons en 1778, et M. Valz en 1842.... Citons encore à ce sujet la déclaration

* M. Mannheim avait eu la précaution, très-justifiée, mais assurément fort originale, de tourner le dos au Soleil.

formelle de M. Mannheim : il a vu *ce point brillant s'allonger et aller se confondre avec les rayons de l'auréole....*

« .... Les animaux inférieurs, tortues, grenouilles, etc., ont paru complétement insensibles. Parmi les animaux supérieurs, les singes y compris, ceux qui ont pour ainsi dire remis leur sort entre les mains de l'homme, n'ont rien éprouvé. *Les oiseaux apprivoisés se sont préparés pour le sommeil de la nuit.* Seuls les animaux sauvages ont manifesté du trouble ou de l'effroi.... On vit les daturas, les volubilis, les pavots, les belles-de-nuit, qui s'étaient tenus fermés au Soleil, se rouvrir à demi pendant l'éclipse totale.

« .... Les Arabes accueillirent d'abord la nouvelle de l'éclipse avec incrédulité ; quand ils virent que la prédiction se réalisait, ils se retranchèrent dans une indifférence affectée. Évidemment, il s'agissait pour eux de ne pas se montrer inférieurs....

« Les femmes, qui n'avaient pas leur dignité à sauvegarder, et qui d'ailleurs conservent les vieilles traditions bien mieux que les hommes, montrèrent la plus vive émotion. Elles sortirent de leurs demeures en poussant de grands cris ; elles organisèrent avec des chaudrons un véritable charivari, afin d'effrayer *le mauvais génie qui menaçait d'engloutir le Soleil....* *. »

Résumé.

Il y a *éclipse de Soleil,* quand la Lune vient à passer entre la Terre et le Soleil, et il y a *éclipse de Lune,* lorsque la Lune rencontre le *cône d'ombre* projeté par la Terre.

Chacune de ces éclipses peut être *totale, partielle* ou *annulaire.*

Les éclipses de Lune sont possibles *à toutes les oppositions,* et les éclipses totales de Soleil peuvent avoir lieu *quand la Lune est au périgée et la Terre à l'aphélie.*

Le retour des éclipses est presque *périodique.* Pour qu'il y ait retour d'une éclipse, il faut que *le cercle de latitude géocentrique et la ligne des nœuds aient repris la même position relative.*

Il n'y a jamais plus de *sept* éclipses dans une année, et il ne peut pas y en avoir moins de *deux.*

Le nombre d'*éclipses de Soleil* est supérieur au nombre d'*éclipses de Lune,* presque dans le rapport de 3 à 2.

* Faye, *Comptes rendus de l'Académie des sciences,* tome LI, page 991.

CHAPITRE IX.

Des planètes (244-301). — Lois de Kepler (256, 257). — Énoncé du principe de la gravitation universelle (259-262). — Notions sur les planètes principales (263-296). — Grand nombre de très-petites planètes situées entre Mars et Jupiter (297-301).

Généralités sur les planètes.

244. Indépendamment du Soleil et de la Lune, certains astres semblent, comme ces deux corps célestes, changer de position à l'égard des *étoiles fixes* : pour les distinguer de ces dernières, on les a appelés *planètes,* c'est-à-dire astres *errants.*

245. *Noms des principales planètes.* — Parmi les planètes, il y en a cinq que l'on voit à l'œil nu, quand on se trouve dans des circonstances favorables ; ce sont : *Mercure, Vénus, Mars, Jupiter, Saturne ;* elles sont nécessairement connues de toute antiquité. Des deux autres *planètes principales, Uranus* et *Neptune* *, la première a été *découverte* par W. Herschel, dont elle porta d'abord le nom ; l'autre, *devinée,* presque en même temps, par MM. *Leverrier* et *Adams,* fut *vue* pour la première fois par M. *Galle,* de Berlin, dans la nuit du 23 au 24 septembre 1846 **. Ces deux astres ne sont visibles qu'au télescope. Il en est de même d'un groupe de *petites planètes,* appelées aussi les *astéroïdes,* situées entre Mars et Jupiter***, et qui sont aujourd'hui (1er juin 1868) **** au nombre de 95 ; très-probablement il en existe beaucoup d'autres.

* Le 26 mars 1859, M. *Lescarbault,* médecin à *Orgères,* crut observer le passage d'une planète sur le disque solaire. Cet astre nouveau, qui serait situé entre Mercure et le Soleil, reçut le nom de *Vulcain.* Malheureusement, rien n'est venu confirmer ce que l'on croyait être une importante découverte.

** Il semblerait, néanmoins, que *Neptune* a été aperçue le 4 et le 12 août de la même année par M. *Challis*, de Cambridge. (*Comptes rendus de l'Académie des sciences,* tome XXIII, page 749.)

*** Voir plus loin, n° 297.

**** Depuis vingt ans, le nombre des découvertes d'astéroïdes s'est élevé à *quatre-vingt-onze.* Parmi les astronomes qui se sont livrés à ce genre de recherches, on doit citer principalement M. *Luther,* de Bilke, qui en a découvert *dix-sept,* et M. *Hermann Goldschmidt, artiste peintre* (mort récemment), qui en a trouvé *quatorze.*

246. *Différences entre les planètes et les étoiles.* — La différence caractéristique, celle d'où les planètes tirent leur nom, ne peut être mise en évidence qu'à l'aide d'observations suivies. Mais toutes les planètes, quand on les regarde au télescope, ont un *diamètre apparent* : il n'en est pas de même des étoiles (107). Cette dernière circonstance indique évidemment que les premiers astres sont *très-près* de nous, comparativement aux derniers. Enfin quelques planètes présentent des phases analogues aux phases de la Lune : elles ne sont donc pas lumineuses par elles-mêmes.

247. *Position des planètes sur la sphère céleste.* — Presque toutes les planètes sont situées dans la zone céleste à laquelle on a donné le nom de *zodiaque*, en sorte qu'elles s'écartent peu de l'écliptique *.

248. *Planètes inférieures et planètes supérieures.* — Mercure et Vénus ne s'éloignent jamais du Soleil à une grande distance angulaire ; elles paraissent osciller autour de lui. Au contraire, les distances angulaires entre le Soleil et les autres planètes peuvent prendre toutes les valeurs, de 0° à 360°. Il résulte de là que les premières planètes sont *intérieures* à l'orbite terrestre, et que les autres y sont *extérieures* **. Autrement dit, les distances du Soleil à Mercure et à Vénus sont *inférieures* au rayon de l'orbite terrestre, tandis que ses distances aux autres planètes sont *supérieures* à ce rayon : de là, les dénominations employées.

Mouvements apparents. Stations et rétrogradations.

249. *Planètes inférieures.* — Nous venons de dire que Mercure et Vénus semblent osciller autour du Soleil. En effet, si l'on observe durant plusieurs mois l'une de ces deux planètes, Vénus, par exemple, à partir de l'époque où elle se couche immédiatement après le Soleil, voici ce que l'on reconnaît :

Le *retard* de Vénus sur le Soleil, c'est-à-dire le temps compris entre les moments des couchers des deux astres, aug-

* Quelques-unes des petites planètes font exception à cette loi (voir plus loin).

** Dans ce premier aperçu, nous supposons les orbites planétaires confondues avec l'écliptique.

monte tous les jours, et, au bout de 146 jours*, il atteint son maximum, égal à $3^h \frac{1}{4}$. Conséquemment, la distance angulaire des deux astres, d'abord nulle, augmente aussi, de manière à atteindre 48° le 146e jour. A partir de cette époque, Vénus se rapproche du Soleil, et le retard de la planète sur l'astre radieux diminue de plus en plus, jusqu'à ce qu'il s'annule, ou que, Vénus étant en *conjonction inférieure***, se couche en même temps que le Soleil. Cette seconde phase du phénomène a une durée à peu près égale à celle de la première, c'est-à-dire environ 146 jours.

Jusqu'à présent, Vénus était visible après le coucher du Soleil; de sorte qu'elle était située à l'*est* de cet astre et qu'elle apparaissait vers l'*occident*. Au bout de quelques jours, durant lesquels la planète disparaît, parce qu'elle est trop voisine du Soleil, elle reparaît de nouveau, mais à l'*ouest* de cet astre. Alors on la voit le matin, quelques instants avant le lever du Soleil; le soir, elle est invisible, parce qu'elle se couche avant lui. L'*avance* de Vénus sur le Soleil augmente de plus en plus, de manière à devenir égale à $3^h \frac{1}{4}$, au bout de 146 jours : à cette époque, la distance angulaire des deux astres atteint, de nouveau, son maximum. Enfin, la planète emploie encore 146 jours à se rapprocher du Soleil, ou à revenir en *conjonction supérieure;* après quoi les mêmes phénomènes se reproduisent indéfiniment.

250. Si, au lieu de comparer le mouvement apparent de Vénus ou de Mercure au mouvement apparent du Soleil, on cherche, au moyen des ascensions droites et des déclinaisons, à construire la ligne décrite par la planète sur la sphère céleste, on arrive à un résultat bien singulier : cette orbite, cette *trajectoire* apparente de Mercure ou de Vénus, au lieu d'être une circonférence, comme la trajectoire apparente du Soleil, est une ligne sinueuse, présentant des *boucles* et des *zigzags*. D'ailleurs, comme on pouvait le prévoir, elle ne s'é-

* Les valeurs indiquées dans ce numéro et dans les numéros suivants ne sont que des *moyennes peu approchées*.

** Une planète est dite en *conjonction* ou en *opposition* avec le Soleil, suivant qu'elle est située entre le Soleil et la Terre, ou que la Terre est située entre le Soleil et la planète. Il y a *conjonction supérieure* ou *conjonction inférieure*, selon que la planète est *au delà* ou *en deçà* du Soleil, par rapport à la Terre : au moment de la conjonction supérieure, le diamètre apparent de la planète est évidemment le plus petit possible. Enfin, il est visible que, pour les planètes *supérieures*, il ne peut y avoir conjonction *inférieure*.

carte pas beaucoup de la circonférence dont nous venons de parler, c'est-à-dire de l'écliptique, qu'elle coupe en plusieurs points *.

251. Puisque la trajectoire apparente de Vénus ou de Mercure est une courbe à zigzags, il en résulte que cette planète semble se mouvoir, tantôt dans le même sens que le Soleil, ou dans le *sens direct,* et tantôt dans le *sens rétrograde*. entre une *marche directe* et une *rétrogradation* de la planète, il y a un point d'arrêt, une *station*. Pour Vénus, le mouvement est *direct* pendant 542 jours, et *rétrograde* durant 42 jours seulement.

252. *Planètes supérieures.* — Elles ont, comme les planètes inférieures, des stations et des rétrogradations; mais leur mouvement par rapport au Soleil est plus simple que celui de ces dernières. Lorsque Jupiter, par exemple, a été en conjonction avec le Soleil, il s'en éloigne de plus en plus *vers l'est,* de manière à se coucher *une heure, deux heures* après le Soleil. Au bout d'environ 200 jours, l'*opposition* arrive : le coucher de la planète a lieu 12 heures après celui du Soleil; ou, plus exactement, Jupiter passe au méridien à minuit. Après cette époque, la planète, se rapprochant du Soleil, passe au méridien à *une heure du matin,* à *deux heures du matin...;* puis enfin, après avoir été visible quelques instants avant le lever du Soleil, elle disparaît complétement à l'époque de la nouvelle conjonction.

253. *Explication des stations et des rétrogradations.* — Pour essayer de rendre compte des phénomènes dont nous venons de parler, les anciens astronomes, qui croyaient la Terre immobile, avaient été obligés d'admettre que *chaque planète se mouvait sur une circonférence dont le centre tournait autour de la Terre, en décrivant une nouvelle circonférence.* Quelquefois, deux circonférences ne suffisant pas, on en introduisait une troisième, une quatrième.... Ce mécanisme compliqué, connu sous le nom de *système des épicycles,* ou *système de Ptolémée,* avait soulevé des doutes chez plus d'un bon esprit : « Il s'est trouvé, dit Sénèque, des philosophes qui leur disaient : Vous vous trompez en croyant qu'il y ait des astres qui rétrogradent et s'arrêtent; cette bizarrerie ne peut

* On suppose que la construction graphique est continuée pendant plus d'une révolution de la planète.

avoir lieu dans les corps célestes; ils vont du côté où ils ont été lancés; ils ne suspendent jamais leur cours ; ils ne changent jamais le sens de leur marche. C'est le Soleil qui en est la cause; car leurs orbes ou leurs cercles sont placés de manière à nous tromper dans certains temps; ainsi qu'on croit souvent voir immobile un vaisseau qui vogue pourtant à pleines voiles. »

En effet, toutes les complications, toutes les bizarreries dont se plaignait Sénèque, disparaissent quand on suppose, avec Copernic, que *la Terre et les autres planètes se meuvent autour du Soleil, dans des orbites presque circulaires*. Les rétrogradations sont une simple apparence, provenant de ce que la distance angulaire de la planète à une étoile déterminée va en diminuant : lorsque cet angle est constant, la planète paraît stationnaire.

254. *Phases des planètes inférieures.*—Un simple coup d'œil jeté sur la figure ci-contre suffit pour montrer que les planètes inférieures doivent avoir des *phases* analogues à celles de la Lune. Ainsi, quand la planète est en P, à sa conjonction inférieure, elle doit être invisible pour l'observateur placé en T*. Quand elle est en P', on la voit sous la forme d'un demi-cercle dont la partie courbe est tournée vers le Soleil, etc.

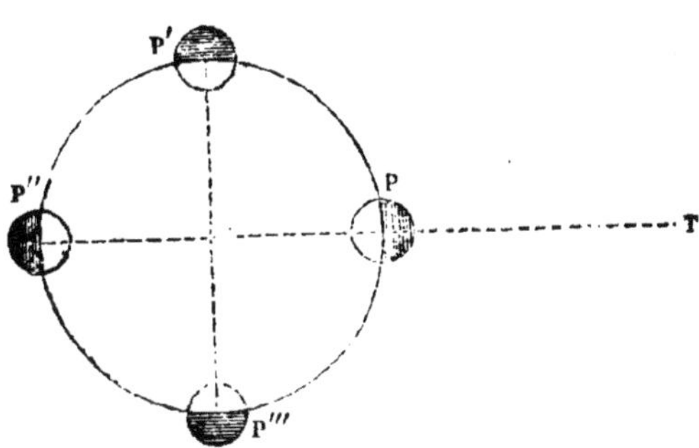

* Cependant, à cause de l'obliquité de l'orbite sur le plan de l'écliptique, il peut arriver que la planète présente *un croissant très-délié, ayant ses pointes sur un diamètre horizontal.*

255. *Remarque.* — Si la trajectoire d'une planète était située dans le plan de l'orbite terrestre, la perspective de cette courbe, sur un globe céleste, serait confondue avec le grand cercle écliptique. Comme les orbites planétaires sont légèrement inclinées sur le plan de ce cercle; comme d'ailleurs chaque planète se meut tantôt dans le sens direct, tantôt dans le sens rétrograde, il arrive que les perspectives dont nous parlons présentent toujours des zigzags analogues à ceux de la figure ci-dessous. Dans cette figure, QQ' est l'intersection de l'écliptique avec la sphère céleste; ABC... représente l'*orbite sphérique* de la planète; N est le *nœud ascendant, etc.*

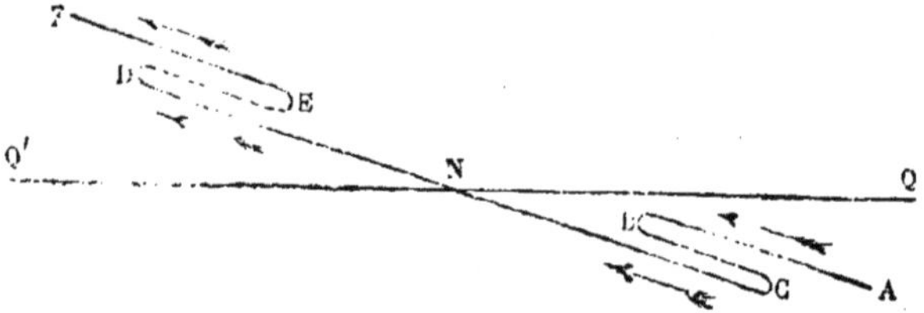

Lois de Kepler.

256. Copernic avait renversé l'ancienne hypothèse de Ptolémée : au lieu des *soixante-quinze cercles,* enchevêtrés les uns dans les autres, au moyen desquels on représentait *imparfaitement* les mouvements apparents des astres connus de tout temps, il ne restait plus, comme nous l'avons dit tout à l'heure, que des orbites presque circulaires, peu inclinées les unes par rapport aux autres, et dans lesquelles se meuvent, d'occident en orient, la *Terre* et *les autres planètes;* le Soleil, devenu la partie principale du système planétaire, est immobile dans l'univers *. Faute d'observations exactes, et aussi faute de temps, Copernic ne put aller plus loin : l'honneur de découvrir les véritables lois du mouvement des planètes était réservé à Kepler, disciple et continuateur de Tycho-Brahé **. Guidé par

* On a vu plus haut (172) que, très-probablement, le Soleil se meut dans l'espace; mais ce mouvement de translation, commun à toutes les planètes, n'influe pas sur leurs mouvements relatifs (84).

** Ce dernier astronome, observateur excellent, eut le malheur d'attacher son nom à un système *intermédiaire* entre ceux de Ptolémée et de Copernic. Suivant lui, la Terre est immobile au centre de l'univers : tous les astres se meuvent chaque jour autour de l'axe du monde,

des idées mystiques empruntées aux philosophes pythagoriciens, il commença par se demander pourquoi les planètes étaient seulement au nombre de *six*, et quelle raison avait déterminé les rapports qu'il remarquait entre leurs distances au Soleil, du moins dans le système de Copernic : car, dans le système ancien, ces rapports sont indéterminés. Inventant toujours des *harmonies*, il fut conduit à penser qu'*il manquait* une planète entre Mars et Jupiter *, et une autre entre Mercure et Vénus : il crut ensuite que les six planètes connues laissaient entre elles cinq intervalles qui *s'expliquaient par les cinq polyèdres réguliers inscrits à une même sphère, etc.* Parvenu à un autre ordre d'idées, il compara les nombres qui représentent les grands axes des orbites et ceux qui représentent les durées des révolutions sidérales; il essaya tous les rapports, soit entiers, soit fractionnaires ; il travailla *vingt-deux ans* sans se décourager; et enfin, il trouva les trois grandes lois suivantes :

1° *Les orbites planétaires sont des ellipses dont le Soleil occupe un foyer commun ;*

2° *Dans le mouvement de chaque planète autour du centre du Soleil, les aires décrites par le rayon vecteur sont proportionnelles aux temps* ** *;*

3° *Les carrés des temps des révolutions des planètes sont proportionnels aux cubes des grands axes de leurs orbites.*

257. Des trois *lois de Kepler*, la dernière, qui lui a coûté le plus d'efforts ***, est la plus importante et la plus remar-

et le Soleil, dans sa révolution annuelle, emporte avec lui les planètes. « N'est-il pas physiquement absurde, dit Laplace, de supposer la Terre sans mouvement dans l'espace, tandis que le Soleil entraine les planètes au milieu desquelles elle est comprise ? »

* Cette conjecture de Kepler a été amplement réalisée de nos jours; nous avons déjà dit que le nombre des *petites planètes* situées entre Mars et Jupiter s'élève à 95.

** Nous avons parlé de ces deux premières lois à propos du mouvement apparent du Soleil (125).

*** Kepler annonça ainsi cet admirable résultat de son long travail : « Achevons la découverte commencée il y a vingt-deux ans..... Si vous en voulez connaitre l'instant, c'est le 18 mars 1618. Conçue, mais mal calculée, rejetée comme fausse, revenue le 15 mai avec une nouvelle vivacité, elle a dissipé les ténèbres de mon esprit. Elle est si pleinement confirmée par les observations de Tycho, que je croyais rêver et faire quelque pétition de principe. Mais c'est une chose très-certaine

quable. Non-seulement elle donne immédiatement le grand axe de l'orbite au moyen de la *période sidérale* de la planète, mais encore elle exprime la connexion qui existe entre toutes les planètes : par son moyen, Newton a démontré l'*unité* ou l'*universalité* de la pesanteur.

Distances moyennes des planètes au Soleil.

258. *Loi de Titius.* — On vient de voir que Kepler croyait à l'existence d'une relation simple entre les distances des planètes au Soleil. Guidé par cette idée de Kepler, le professeur Titius trouva que ces distances sont, à peu près, proportionnelles aux nombres suivants :

4, 7, 10, 16, 28, 52, 100, 196.

Pour retrouver cette suite, on prend les termes de la progression par quotient :

3, 6, 12, 24, 48, 96, 192;

on ajoute 4 à chacun d'eux, et on écrit 4 pour premier terme de la nouvelle suite.

D'après cette *loi de Titius**, si l'on représente par 4 la distance de Mercure au Soleil, 7 exprimera la distance moyenne de Vénus, 10 celle de la Terre, et ainsi de suite. A l'époque où Titius fit connaître sa règle, on n'avait découvert aucune des petites planètes, et il corrobora l'espèce de prophétie faite par Kepler, en faisant observer qu'entre Mars et Jupiter, correspondant aux termes 16 et 52, il manquait un astre. Par un hasard singulier, c'est dans cet intervalle compris entre Mars et Jupiter, et à peu près à la distance 24, que sont venues se placer les petites planètes. Malheureusement pour la règle empirique de Titius, la distance de Neptune au Soleil, au lieu d'être proportionnelle à 388, est représentée par 300.

et très-exacte, que *le rapport entre les temps périodiques de deux planètes est précisément sesqui-altère du rapport des moyennes distances.* » (*Harmonices mundi*, lib. V.)

* « Généralement on attribue cette loi empirique à Bode, directeur de l'observatoire de Berlin, qui s'en est beaucoup occupé ; mais suivant ce qu'il dit lui-même dans ses mémoires, la loi qu'on a pris l'habitude d'appeler la loi de Bode doit être nommée la loi de Titius. Cette prétendue loi a été indiquée pour la première fois dans une traduction allemande de la *Contemplation de la nature* de Bonnet, publiée à Wittenberg par le professeur Titius. » (*Astronomie populaire.*)

Principe de la gravitation universelle.

259. Après avoir trouvé les trois lois qui portent son nom, Kepler essaya de découvrir la *cause physique* du mouvement des planètes. La recherche de cette cause exerça souvent son imagination active; mais le moment n'était pas venu de résoudre ce grand problème, qui supposait l'invention de la Dynamique et de l'Analyse infinitésimale. Loin d'approcher du but, Kepler s'en écarta plus d'une fois, par de vaines spéculations sur la cause motrice des planètes. L'honneur de faire connaître le principe général des mouvements célestes était réservé à Newton. Dans l'immortel ouvrage intitulé *Principes mathématiques de la philosophie naturelle**, ce grand homme, s'appuyant sur les découvertes de Galilée et de Huygens, et sur les siennes propres, établit les conséquences suivantes des lois de Kepler :

1° *La force qui sollicite une planète quelconque est dirigée vers le centre du Soleil;*

2° *Cette force varie en raison inverse du carré de la distance entre le Soleil et la planète;*

3° *Les forces qui sollicitent deux planètes quelconques sont proportionnelles aux masses de ces planètes, et inversement proportionnelles aux carrés de leurs distances au Soleil.*

260. Puisque toutes les planètes sont, à chaque instant, sollicitées par des forces dirigées vers le Soleil, n'est-il pas convenable de dire, ne fût-ce que pour abréger : *le Soleil attire*** *les planètes,* comme on dit : *l'aimant attire le fer, la Terre attire les corps placés à sa surface?* Adoptant cette dernière façon de parler, nous pouvons résumer, dans le seul énoncé suivant, les trois propositions précédentes :

Le Soleil attire toutes les planètes, proportionnellement à leurs masses, et en raison inverse des carrés de leurs distances à son centre.

* Le livre des *Principes*, publié pour la première fois en 1686, fut traduit en français par la célèbre *Émilie de Breteuil, marquise du Châtelet.*

** Il est bon d'observer que l'expression *attirer* doit être prise comme exprimant un simple fait, celui de l'identité entre le mouvement observé et le mouvement qui aurait lieu si le Soleil pouvait exercer une véritable *traction* sur la planète. On aurait tort d'y attacher un sens métaphysique. C'est pour éviter toute interprétation de ce genre, que plusieurs auteurs emploient le mot *graviter*.

261. Une loi fondamentale de la dynamique consiste en ce que *la réaction est toujours égale et opposée à l'action.* Ainsi le fer est attiré par l'aimant autant que l'aimant est attiré par le fer; ainsi encore, quand un cheval tire une voiture, il éprouve, de la part de celle-ci, une résistance égale à l'effort qu'il exerce, etc. Après avoir établi cette loi, Newton l'étendit aux corps célestes, et il en conclut que, si le Soleil attire les planètes, réciproquement celles-ci attirent le Soleil. Ce n'est pas tout: certaines planètes, Jupiter et la Terre, par exemple, sont douées de *satellites*, lesquels, dans leurs mouvements relatifs autour de la planète, obéissent aux lois de Kepler; les satellites d'une planète sont donc attirés par celle-ci proportionnellement à leurs masses et en raison inverse des carrés de leurs distances au centre de la planète; et, d'après le principe dont il s'agit, les satellites attirent leur planète commune en raison de leurs masses respectives et en raison inverse des carrés des distances. De plus, le Soleil attirant toutes les planètes, il est impossible de supposer qu'il n'attire pas, de la même manière, leurs satellites; il est donc également attiré par ceux-ci*.

262. Une planète attirant le Soleil proportionnellement à la quantité de matière qu'elle renferme, il est naturel d'admettre que toutes les parties qui la composent concourent à produire cette action, et qu'ainsi une *molécule* quelconque de la planète attire le Soleil dans le rapport de la masse de cette molécule à la masse de la planète. En continuant de la sorte, Newton est arrivé enfin à la grande *loi de la gravitation universelle,* que l'on peut énoncer en ces termes :

Deux molécules quelconques s'attirent mutuellement, en raison directe de leurs masses et en raison inverse du carré de leur distance.

* A cause de la faible distance d'un satellite à sa planète, comparée à la distance de la planète au Soleil, les droites menées du centre du Soleil aux différents points de la planète et de ses satellites peuvent être regardées comme parallèles. On conclut de là, conformément à la loi de Galilée (84), que l'action du Soleil ne change pas sensiblement les *mouvements relatifs* d'une planète et de ses satellites.

Détails sur les planètes.

Mercure.

263. *Diamètre. — Distance au Soleil, etc.* — Mercure est un très-petit globe, d'environ 4 980 kilomètres de diamètre, fort peu distant du Soleil, dont il nous paraît s'écarter de 29° tout au plus : cette planète est donc souvent engagée dans les rayons solaires. A cause de cela, et bien que sa lumière soit vive et scintillante, Mercure est rarement visible à l'œil nu : cependant on l'aperçoit quelquefois à l'occident, après le coucher du Soleil, ou à l'orient, avant le lever de cet astre. Il a fallu une longue suite d'observations pour reconnaître que ces apparences étaient produites par la même planète ; mais, comme la cause de ces diversités d'aspects est connue, et que l'*astre du soir* est visible quand l'*astre du matin* cesse de l'être, on a fini par conclure que ces deux astres sont un seul et même corps, oscillant de part et d'autre du Soleil. Son diamètre apparent, qui ne dépasse jamais 12″, est moyennement de 7″.

264. *Phases. — Passages sur le Soleil.* — Au télescope, Mercure présente des phases comme la Lune. Dans les quadratures, il apparaît sous la forme d'un croissant dont les pointes sont opposées au Soleil. Quelquefois, dans ses conjonctions inférieures, il passe sur le Soleil : on croit voir alors un point noir, traversant le disque de cet astre. Si l'orbite de Mercure était située dans le plan de l'écliptique, ce phénomène aurait lieu à chaque *révolution synodique*, c'est-à-dire à des intervalles de temps égaux à 116 jours environ. Mais, à cause de l'*inclinaison* du plan de l'orbite, inclinaison qui s'élève à 7°, les *passages de Mercure sur le Soleil* sont assez rares* : les derniers ont eu lieu le 8 mai 1845, le 9 novembre 1848 et le 12 novembre 1861. Le prochain passage arrivera le 5 novembre 1868. Le phénomène se présente toujours dans les mois de mai ou de novembre, parce que, à ces deux époques, la ligne des nœuds de Mercure est voisine de la Terre.

265. *Rotation. — Saisons, etc.* — Mercure tourne sur son axe en $24^h\ 5^m\ 8^s$; l'angle de l'orbite avec l'équateur est très-grand** ; de plus, l'excentricité de cette orbite s'élève à 0,2 :

* La première observation certaine du passage de Mercure sur le Soleil a été faite par Gassendi, le 7 novembre 1631.

** Environ 70°.

les variations des saisons sont donc très-considérables sur Mercure. Newton a reconnu que la chaleur et la lumière y sont sept fois plus grandes que sur notre globe : le séjour de Mercure serait donc insupportable pour des êtres semblables à nous. Néanmoins, comme on lui suppose * une atmosphère très-dense, il y a lieu de croire que cette planète est habitée.

Vénus.

266. *Aspect.* — Cette belle planète se reconnaît à sa lumière, beaucoup plus blanche et plus éclatante que celle de Sirius. A certaines époques, on la voit en plein jour : on estime qu'elle répand autant de lumière que vingt étoiles de première grandeur. Comme elle ne s'éloigne jamais à plus de 48 ou 49 degrés du Soleil (248), on ne l'aperçoit habituellement que pendant 3 ou 4 heures, soit le matin vers l'orient, soit le soir à l'occident. Pour cette raison, on était tombé, à l'égard de Vénus, dans la même erreur que pour Mercure : on l'avait prise pour deux astres différents, dont l'un était *Lucifer*, ou l'*étoile du jour*, et dont l'autre était *Vesper*, ou l'*étoile du soir* ou *du berger*.

267. *Phases.* — Les phases de Vénus, dont nous avons déjà parlé (253) sont bien plus aisées à observer que celles de Mercure : Galilée, qui les reconnut le premier **, en conclut le mouvement de la planète autour du Soleil.

Quand on examine Vénus au télescope, au moment de sa plus grande élongation, on remarque, sur le bord du croissant, une dégradation de lumière qui prouve l'existence d'une atmosphère autour de cette planète. On pense que cette at-

* Cette hypothèse résulte des observations de Messier, Méchain, Schröter, Harding, Beer et Maedler. L'existence d'une atmosphère a été cependant niée par Herschel.

** « Pour se donner le temps de vérifier, de suivre cette découverte, sans courir la chance de se la voir enlever, l'illustre observateur la cacha sous cette anagramme :

Hæc immatura a me jam frustra leguntur, o. y.

Ces choses, non mûries, et cachées encore pour les autres, sont lues par moi.

En plaçant les 34 lettres précédentes dans un autre ordre, Galilée en tira ces mots très-catégoriques :

Cynthiæ figuras emulatur mater amorum.

La mère des Amours suit les phases de Diane. » (ARAGO.)

mosphère est comparable à celle de la Terre pour la densité et l'étendue : elle paraît avoir une plus grande pureté que cette dernière, et n'être jamais chargée de nuages épais.

268. *Rotation.* — Schröter a trouvé que Vénus a un mouvement de rotation sur elle-même, mouvement qui s'exécute en 23h 21m. L'angle de l'équateur avec l'orbite s'élève à 72°.

269. *Montagnes.* — L'observation de dentelures que présente la ligne intérieure du croissant a fait supposer que Vénus a des montagnes. Schröter les croyait six fois plus hautes que celles de la Terre : cette évaluation paraît exagérée*.

270. *Diamètre. — Distance au Soleil, etc.* — La distance moyenne de Vénus au Soleil est environ 0,723, celle de la Terre étant 1. La chaleur et la lumière y sont deux fois plus grandes que sur notre globe. Cette planète oscille, comme Mercure, de part et d'autre du Soleil (247), mais dans un arc plus étendu ; elle s'éloigne de cet astre, en 146 jours, jusqu'à 48° environ ; il lui faut 584 jours pour revenir à la même place par rapport au Soleil. Son diamètre apparent varie entre 9″,6 et 61″,2. Du reste, son diamètre réel est presque égal à celui de la Terre (0,985).

271. *Passages de Vénus sur le disque du Soleil.* — Ainsi que Mercure, Vénus passe quelquefois sur le Soleil et s'y peint comme un point noir qui le traverse *de gauche à droite* **. Lorsqu'elle décrit un diamètre du disque, la durée du passage est de 8 heures moins 6 à 8 minutes ; mais, à raison de la parallaxe, ce phénomène, observé de différents points du globe, doit varier beaucoup. Les passages de Vénus sur le disque du Soleil offrent le moyen le plus exact d'obtenir des parallaxes de ces astres, et, par suite, leurs distances à la Terre : ceux de 1761 et 1769 ont donné 8″,57 pour la parallaxe solaire (131). Leurs intervalles sont, alternativement, 8 ans, 121,5 ans, 8 ans, 105,5 ans, 8 ans, 121,5 ans, etc. Les deux prochains passages auront lieu le 8 décembre 1874 et le 6 décembre 1882.

272. *Lumière cendrée. — Satellite.* — Plusieurs observateurs, parmi lesquels on doit citer Harding et Schröter, ont aperçu

* John Herschel dit expressément, dans son *Traité d'Astronomie*, en parlant de la planète Vénus : « On n'y aperçoit ni montagnes ni ombres. »

** La première observation de ce genre a été faite par *Horrockes* et *Crabtree*, le 4 décembre 1639.

le disque entier de Vénus, à des époques où il n'était pas directement éclairé par le soleil. Cette *lumière cendrée* (212) n'est pas encore parfaitement expliquée. Enfin, Montaigne, Lambert et Mairan ont cru à l'existence d'un satellite de Vénus.

Mars.

273. *Grandeur.* — *Aspect.* — Le diamètre apparent de Mars varie entre 4″ et 18″ ; son diamètre réel est, presque exactement, moitié de celui de la Terre (0,519) ; le volume de cette planète est donc $\frac{1}{8}$ de celui de notre globe ; en sorte qu'il équivaut à 6 fois le volume de la Lune, ou 3 fois le volume de Mercure. Malgré ces faibles dimensions, la planète est très-facilement observable à la vue simple, à cause de sa proximité de la Terre : on la reconnaît à sa lumière rougeâtre très-prononcée. Quand on l'observe au télescope, « on distingue parfaitement, suivant M. Herschel, les contours de ce qui peut être continents et mers. » Les premiers sont accusés par la teinte rougeâtre dont nous venons de parler ; ce qu'on suppose être la mer a une apparence verdâtre. Ces taches, quand elles sont visibles, ont des formes très-définies ; elles paraissent se mouvoir sur la planète : celle-ci a donc un mouvement de rotation. Parmi les taches, il y en a de blanches, situées près des pôles, et qui sont probablement des neiges et des glaces : en effet, elles disparaissent quand elles ont été longtemps exposées au Soleil.

274. *Rotation.* — *Translation.* — La rotation de Mars s'effectue en $24^h\ 39^m\ 21^s$; son axe est incliné de 30° 18′ sur l'écliptique. Quant à sa révolution sidérale, elle s'effectue en 687 jours environ : l'année de Mars est donc presque double de la nôtre. Son ellipse, très-excentrique, rend très-variables les apparences de la planète* : en août 1719, Mars était à la fois au périhélie et en opposition ; l'éclat qu'il jetait porta l'effroi chez les ignorants.

275. *Aplatissement.* — Le disque de Mars n'est pas exactement circulaire : d'après Arago, l'aplatissement de cette planète serait considérable, et égal à $\frac{1}{30}$ environ.

* Cette variété de grandeur et d'éclat, qui provient des irrégularités du mouvement réel ou apparent de Mars, fut ce qui engagea Kepler à s'occuper de cette planète : l'ouvrage intitulé *de Stella Martis* est celui dans lequel on trouve énoncées et démontrées, pour la première fois, les *lois de Kepler*.

Jupiter.

276. *Aspect.* — *Grandeur, etc.* — Jupiter est remarquable par la vivacité de sa lumière, dont l'éclat l'emporte quelquefois sur celui de Vénus : c'est la plus grosse des planètes ; elle est 1414 fois plus volumineuse que la Terre ; son diamètre apparent varie entre 30″ et 46″. Son orbite, dont le rayon surpasse 5 fois celui de l'écliptique, embrasse celle de Mars, et aussi les orbites des *quatre-vingt-quinze* petites planètes actuellement connues.

277. *Révolution sidérale.* — Jupiter effectue sa révolution sidérale en 12 ans à peu près (4 332j,58) ; ses oppositions reviennent tous les 399 jours, la longitude augmentant de 30° chaque fois ; de sorte qu'en 12 ans la planète se trouve en opposition, successivement dans toutes les *constellations zodiacales* (120). Ces résultats sont des conséquences très-simples du temps périodique de Jupiter, comparé avec la durée de l'année.

278. *Aplatissement.* — Le disque de Jupiter est plus sensiblement elliptique encore que celui de Mars : le rapport de l'axe équatorial à l'axe polaire est égal à 1,07. La valeur de l'aplatissement est donc (76) : $\frac{107-100}{107}$, ou $\frac{1}{15}$ environ.

279. *Jours et saisons.* — L'orbite de Jupiter est très-peu inclinée à l'écliptique (1°18′ 52″) : elle fait, avec l'équateur de la planète, un angle d'environ 3° seulement ; par conséquent, à la surface de cet astre, les jours doivent, presque partout, être égaux aux nuits : la durée des uns et des autres est d'environ 5 heures, attendu que la rotation de Jupiter s'effectue en $9^h\ 56^m$. C'est ce dont on s'est assuré, comme pour les autres planètes, par l'observation des taches*. Le peu d'obliquité de l'équateur sur l'orbite, qui donne aux jours une longueur presque constante, fait que la vicissitude des saisons doit être à peu près inconnue à la surface de cette planète.

* A ce sujet, il est bon de remarquer qu'indépendamment des taches faisant corps avec la planète, il en est d'autres, très-variables d'aspect, ayant la forme de zones parallèles à l'équateur, et qui semblent être de longues traînées de nuages.

280. *Satellites de Jupiter.* — Jupiter, bien plus favorisé que nous à cet égard, possède *quatre* satellites, c'est-à-dire *quatre lunes*, qui circulent autour de l'astre, d'*occident* en *orient,* dans des plans très-peu inclinés sur son orbite. Les durées des *révolutions* et des *rotations** de ces satellites sont respectivement :

1er satellite.	1j	18h	27m	33s,
2e —	3	13	14	36 ,
3e —	7	3	42	33 ,
4e —	16	16	31	50 .

281. Sans qu'il soit nécessaire d'insister sur ce point, on comprend combien doit être intéressant, pour les *habitants de Jupiter,* le spectacle de ces astres : ils s'élèvent sur l'horizon, tantôt ensemble, tantôt séparément; quelquefois ils passent sur le disque du Soleil; à chacune de leurs oppositions, les trois premiers sont *éclipsés* par la planète, etc.

282. *Vitesse de la lumière.* — La découverte des satellites de Jupiter, par Galilée, était très-importante au point de vue philosophique, en ce que l'existence de ce *monde en miniature* rendait excessivement probable le système de Copernic ; elle le devint bien davantage quand elle permit à l'astronome danois Roëmer de *mesurer* la vitesse de la lumière.

Pour expliquer en peu de mots ce grand fait physique et astronomique, supposons que l'on ait observé trois éclipses d'un satellite : la première au moment d'une *opposition* de Jupiter, la deuxième pendant une *conjonction,* la troisième enfin à l'instant d'une nouvelle *opposition.*

Si la lumière se transmettait *instantanément,* ou si sa vitesse était *infinie,* le temps compris entre les *observations* des deux premières éclipses devrait être égal au temps qui s'est écoulé entre les observations des deux dernières; parce que, en négligeant les excentricités des orbites, les positions (J, T) (J'', T'') sont symétriques par rapport à (J', T'). Mais, si la lumière emploie un certain temps pour parcourir l'espace compris entre Jupiter et la Terre, il arrivera que chaque éclipse sera *vue* après qu'elle aura eu lieu; de plus, les trois retards seront égaux, respectivement, au temps qu'emploie la lumière *à aller* de J en T, de J' en T', et de J'' en T''. Par suite, *l'intervalle des deux premières observations surpasse celui des deux premières*

* Tous les satellites effectuent, comme la Lune, leur mouvement de translation et leur mouvement de rotation dans le même temps.

éclipses, du temps qu'emploie la lumière à parcourir une distance égale à T'J' — TJ, ou *égale au diamètre de l'orbite terrestre.* Pour la même raison, le temps compris entre les deux dernières observations est égal au temps compris entre les moments des deux dernières éclipses, diminué du temps pendant lequel la lumière franchit un diamètre de l'écliptique. *La différence entre les deux temps observés représente donc celui que la lumière emploie pour parcourir le double du diamètre de l'orbite terrestre.* Or, d'après les expériences de Roëmer, cette différence est égale à $33^m\,52^s,2$: la lumière du Soleil nous parvient donc en $8^m\,13^s,3$.

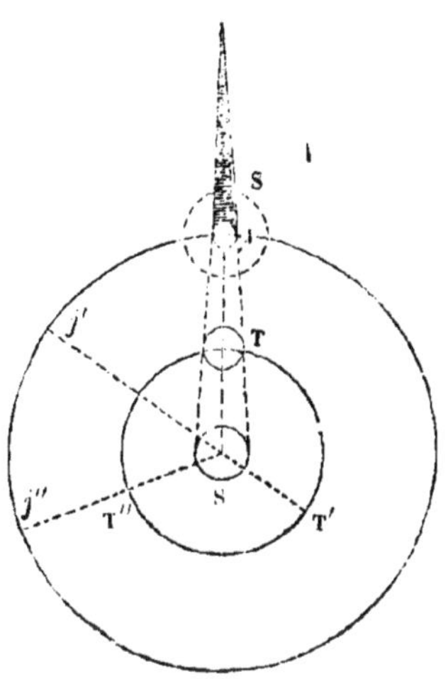

En admettant que le rayon de l'orbite terrestre soit égal à 153 500 000 kilomètres, nous aurons, pour le chemin parcouru par la lumière en une seconde, $\frac{153\,500\,000}{493,3} = 311\,170$. La *vitesse de la lumière* est donc de 311 170 *kilomètres par seconde* *.

Saturne.

283. *Diamètre. — Distance au Soleil.* — Saturne, à raison de sa grande distance, ne nous apparaît que sous un diamètre de 16″ à 40″, quoiqu'il soit 735 fois plus gros que la Terre. Son orbite, dont le plan est presque confondu avec celui de l'écliptique, a un rayon qui vaut neuf fois et demie celui de l'orbite terrestre. Saturne emploie près de 30 ans à la parcourir.

284. *Rotation. — Bandes.* — On pense que cette planète tourne en $10^h\,29^m\,17^s$ autour d'un axe incliné de 61° 20′ sur l'écliptique. Elle présente, comme Jupiter, des bandes sombres, parallèles à l'équateur, et que l'on croit être des amas de nuages.

285. *Aplatissement.* — Il est égal à $\frac{1}{13}$ **.

* Les expériences de Foucault réduisent cette vitesse à 300 965 kilomètres.

** Suivant le capitaine W. S. Jacob, les deux diamètres de Saturne

286. *Satellites de Saturne.* — Indépendamment de ses merveilleux anneaux, dont nous parlerons tout à l'heure, Saturne possède *huit* lunes ou satellites. Voici leurs *noms*, leurs éléments principaux et les époques où ils ont été découverts :

SATELLITE.	RÉVOLUTION sidérale.	DISTANCE moyenne.	DÉCOUVERT par
1. Mimas.	0j 22h 37m 23s	3,35	Herschel, 17 sept. 1789.
2. Encelade.	1 8 53 7	4,30	Herschel, 28 août 1789.
3. Thétys.	1 21 18 26	5,28	D. Cassini, mars 1684.
4. Dioné.	2 17 41 9	6,82	D. Cassini, mars 1684.
5. Rhéa.	4 12 25 11	9,52	D. Cassini, 23 déc. 1672.
6. Titan.	15 22 41 25	22,08	Huygens, 25 mars 1655.
7. Hypérion.	22 12 » »	26,78	Lassell, 18 sept. 1848.
8. Japhet.	79 7 53 40	64,36	D. Cassini, octobre 1671.

287. *Anneaux de Saturne.* — La planète Saturne présente un phénomène *unique* dans le système solaire : elle est accompagnée de *trois anneaux* larges, excessivement minces, à peu près situés dans le plan de son équateur, concentriques avec la planète, et qui apparaissent, tantôt sous la forme d'une ellipse dans laquelle le rapport des axes est au plus $\frac{1}{2}$, tantôt sous la forme d'une ligne droite qui traverse le disque planétaire. De ces trois anneaux, les deux plus larges sont *lumineux*, c'est-à-dire *fortement éclairés* par le Soleil ; le troisième est *obscur* et *transparent* : il laisse apercevoir le corps de la planète. L'existence de ce singulier appendice de Saturne a été mise hors de doute, il y a quelques années, par le capitaine W. S. Jacob. D'après cet habile observateur, voici quelles sont les dimensions des trois anneaux :

Rayon *extérieur*	de l'anneau	*extérieur*. . . .	141 311 kilom.
— *intérieur*	—	—	125 052
— *extérieur*	—	*intérieur*. . . .	122 757
— *intérieur*	—	—	93 192
— *intérieur*	—	*obscur*	39 266

Quant à l'épaisseur des anneaux, elle ne dépasse pas 402 kilomètres, suivant M. J. Herschel.

sont dans le rapport de 17",86 à 16",51 : l'aplatissement de cette planète est donc

$$\frac{17,86-16,51}{17,86}=\frac{1}{13,2}.$$

288. Quelques astronomes pensent que les anneaux sont, accidentellement au moins, striés de nombreuses lignes sombres, parallèles à celle qui sépare les deux anneaux*. Si cette conjecture se confirmait, le merveilleux satellite de Saturne serait véritablement composé d'une *série d'anneaux,* tournant avec une grande vitesse autour de la planète : leur rotation s'effectue, d'après Herschel, en 10h 29m 17s**.

Uranus.

289. Cette planète a été découverte, en 1781, par le célèbre W. Herschel, dont elle porta d'abord le nom. Son grand éloignement du Soleil et, par suite, de la Terre, fait que nous ne savons presque rien sur sa constitution physique. Son disque, de 4″ de diamètre apparent, est uniformément éclairé, sans anneaux, sans zones et sans taches distinctes. Son volume est égal à 80 fois celui de notre globe. Uranus est entouré de satellites, lesquels sont *peut-être* au nombre de *huit****. Les orbites de deux d'entre eux sont *presque perpendiculaires à l'écliptique.* De plus, ces deux satellites se meuvent d'*orient* en *occident.* Ces dernières circonstances, *uniques* dans le système solaire, sont très-dignes de remarque.

Neptune.

290. *Découverte de Neptune.* — Si le lecteur a bien saisi l'exposition du principe de la *gravitation universelle* (260), il doit comprendre que les lois de Kepler, au moins en ce qui concerne la nature des orbites, sont seulement *approchées.* En effet, considérons deux planètes A, B et le Soleil S, soumis à leurs attractions mutuelles. Si la planète A était sollicitée seulement par le Soleil, elle se mouvrait dans une ellipse *abc,* ayant le point S pour foyer****. Mais elle est attirée par la pla-

* M. W. S. Jacob a vu « la *division* très-fine qu'on avait soupçonnée sur l'anneau lumineux extérieur. Cette division se montrait fortement et se continuait à travers plus de la moitié de la circonférence. Ce phénomène resta évident pendant les sept mois que la planète resta visible. » (*Comptes rendus de l'Académie des sciences,* tome XXXVII, page 602.)

** Nous venons de parler de l'anneau *obscur* et *transparent.* De plus, on pense que *les anneaux anciennement connus se rapprochent de la planète.* Ces phénomènes remarquables ne permettent-ils pas de supposer que Saturne est entouré d'une très-grande quantité d'*aérolithes* ou d'étoiles filantes ?

*** *Trois* de ces huit satellites n'ont été vus que par W. Herschel.

**** Cette première proposition serait inexacte si l'on considérait le

nète B : conséquemment, son orbite est une certaine courbe *a'b'c'*, qui s'écarte d'autant plus de *abc* que la planète B sera plus voisine de A et qu'elle aura une masse plus considérable. Cet écart, ce dérangement apporté dans la marche *régulière* de A, constitue les *perturbations* de cette planète : B est la planète *perturbatrice*. Il est bien entendu que la planète *perturbée* A est, à son tour, planète perturbatrice, et que l'astre B, au lieu de parcourir l'ellipse *mnp*, décrit une certaine courbe *m'n'p'*.

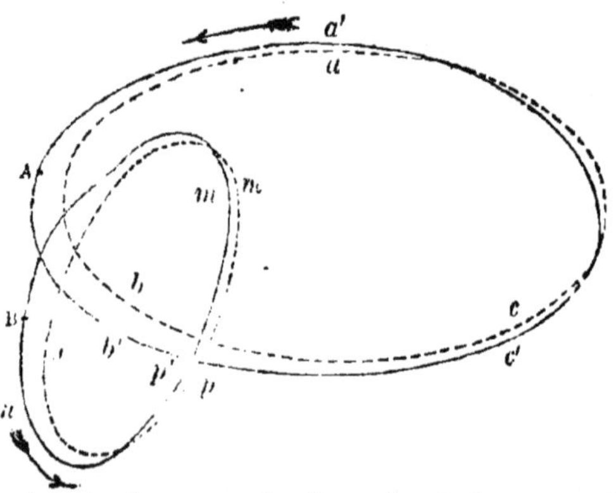

291. La théorie des perturbations planétaires appartient à la *Mécanique céleste*, et nous ne pouvons, en aucune façon, donner une idée des difficultés qu'elle présente : qu'il nous suffise de dire que, grâce aux efforts d'un grand nombre de géomètres, parmi lesquels on doit citer principalement Lagrange, Laplace et Poisson, les astronomes sont parvenus à déterminer à l'avance, avec une précision merveilleuse, les mouvements de tous les astres composant le système solaire.

292. Cette assertion, vraie aujourd'hui, ne l'était pas complétement il y a quelques années : Uranus paraissait échapper à la loi de la gravitation. A diverses reprises, on avait essayé, mais en vain, de déterminer le mouvement de cette planète, en partant des positions observées antérieurement, et en calculant les perturbations produites par Jupiter et par Saturne* : au bout d'un petit nombre d'années, la discordance entre la théorie et l'observation était si considérable, qu'elle faisait le désespoir des astronomes.

mouvement *absolu* de la planète : elle est vraie quand il s'agit de son mouvement *relatif*, le Soleil étant supposé *fixe*.

* Les autres planètes, à cause de leur grand éloignement et de leur faible masse, ne produisent sur Uranus que des perturbations insignifiantes.

293. Les choses en étaient là, quand, à la fin de 1844 ou au commencement de 1845, M. *Leverrier,* en France, et M. *Adams,* en Angleterre, sans s'être concertés et sans même se connaître, entreprirent à la fois de résoudre la question suivante : TROUVER LES ÉLÉMENTS DE LA PLANÈTE INCONNUE *qui, conjointement avec Jupiter et Saturne, produit les perturbations d'Uranus.* Par une rencontre fortuite, mais qui n'est pas sans exemple dans l'histoire des sciences, les solutions de ces deux géomètres, parfaitement indépendantes, se sont trouvées d'accord d'une manière étonnante, eu égard à la nature et à la difficulté du problème*.

294. L'idée d'une planète perturbatrice inconnue n'était pas nouvelle; Bouvard et d'autres astronomes l'avaient eue. Mais, pour poser le problème dont nous venons de rappeler l'énoncé, il fallait presque de l'audace; pour le résoudre heureusement, il fallait être doué d'une admirable sagacité, jointe à une connaissance approfondie des formules de la Mécanique céleste. Aussi, la circonspection avec laquelle on avait accueilli les communications de M. Leverrier se changea-t-elle en un long cri d'admiration, quand on apprit que M. *Galle,* de Berlin, venait de *trouver la planète presque précisément à la place, et sous les circonstances prédites par le géomètre français*** (23 septembre 1846).

295. La méthode suivie pour arriver à la découverte de la planète Neptune diffère complétement, on le voit, de tout ce qui avait été tenté auparavant par les géomètres et les astronomes. « Ceux-ci ont quelquefois trouvé, accidentellement, un *point mobile,* une planète, dans le champ de leurs télescopes ; M. Leverrier a aperçu le nouvel astre sans avoir besoin de jeter un seul regard vers le ciel ; il l'a vu *au bout de sa plume;* il a déterminé, par la seule puissance du calcul, la place et la grandeur d'un corps situé bien au delà des limites jusqu'ici connues de notre système planétaire, d'un corps dont la distance au Soleil surpasse 1200 millions de lieues, et qui, dans nos plus puissantes lunettes, offre à peine un disque sensible***. »

* Je reproduis ici, presque textuellement, les paroles de J. Herschel (*Astronomie,* traduction de *Vergnaud*). Il ne m'appartient pas d'examiner si, comme on l'a cru en 1846, les calculs de M. Adams ont été produits après coup, dans le dessein de ravir à la France un triomphe scientifique.

** M. SCHUMACHER, lettre à M. Leverrier (*Comptes rendus de l'Académie des sciences,* tome XXIII, page 660).

*** ARAGO (*Comptes rendus,* tome XXIII, page 660).

296. La nouvelle planète, dont on trouvera les éléments à la page suivante, possède un satellite, découvert par M. *Lassell* (8 juillet 1847).

Des petites planètes.

297. On a vu qu'il existe, entre Mars et Jupiter, un groupe nombreux de planètes microscopiques qui sont venues combler, pour ainsi dire, une lacune résultant de la loi empirique de Titius. La découverte de ces *astéroïdes* a commencé avec le siècle : le 1er janvier 1801*, la planète *Cérès* était vue par *Piazzi,* directeur de l'observatoire de Palerme ; l'astronome *Olbers* découvrit *Pallas* en 1802 et *Vesta* en 1807; *Junon* fut aperçue par *Harding* en 1804. Enfin, dans l'intervalle compris entre 1845 et 1868, le nombre des petites planètes a été porté à 95.

298. Les planètes principales se meuvent à peu près dans le plan de l'écliptique (247). Il n'en est pas de même pour les astéroïdes, dont les orbites sont très-inégalement inclinées sur ce plan. Par exemple, l'inclinaison de *Massalia* est seulement de 50′ 16″, tandis que l'inclinaison de Pallas s'élève à 34° 37′ 20″. De plus, les orbites de presque toutes les petites planètes sont très-excentriques.

299. Les astres dont nous nous occupons sont si petits**, qu'on ne sait presque rien sur leur constitution physique. Cependant, les astronomes paraissent d'accord sur les faits suivants :

Pallas est entourée d'une atmosphère assez étendue;

Vesta a été vue une fois à l'œil nu par Schröter;

Phocéa, découverte le 6 avril 1853 par M. *Chacornac,* a diminué si rapidement en visibilité, qu'*elle a fini par s'évanouir entièrement*, sans que sa distance à la Terre ait augmenté, ce qui est assez remarquable***.

* Il n'est peut-être pas inutile de faire observer que *l'année* 1800 *appartient au dix-huitième siècle.* C'est à tort qu'un grand poëte a dit, en parlant de l'année 1802 :

Ce siècle avait deux ans.

** Suivant M. J. Herschel, les diamètres de Vesta, de Cérès et de Pallas sont *peut-être* égaux à 402, à 13 et à 262 kilomètres. Le volume de Vesta ne serait, d'après cela, qu'environ $\frac{1}{6440}$ du volume de la Terre.

*** *Comptes rendus de l'Académie des sciences*, tome XXXVII, page 601.

300. Olbers avait émis l'idée que les quatre petites planètes connues de son temps étaient des fragments d'un corps céleste brisé par le choc d'une comète*. A la suite des découvertes faites dans ces derniers temps, cette hypothèse, que rien ne légitimait, a dû être abandonnée. Loin d'attribuer l'existence des petites planètes à une altération du système primitif de l'univers, on doit croire qu'elles constituent, aussi bien que les planètes principales, une partie essentielle de notre système solaire : *on peut* même *se demander si, indépendamment de celles qui sont connues aujourd'hui, il en existe encore beaucoup d'autres?*

301. M. *Leverrier,* qui s'est proposé de résoudre cette question**, est arrivé, par la discussion des perturbations de Mars, à ce résultat remarquable : *La somme totale de la matière constituant les petites planètes situées entre les distances moyennes* 2,20 *et* 3,16 *ne peut dépasser le quart de la masse de la Terre****.

Tableau du système solaire.

Ce tableau est extrait de l'*Annuaire du Bureau des longitudes,* pour 1868.

PLANÈTES PRINCIPALES.								
NOM de la planète.	TEMPS périodique.	DISTANCE moyenne.	EXCENTRICITÉ.	INCLINAISON.	DIAMÈTRE.	VOLUME.	MASSE.	ROTATION.
Mercure.	87j,969	0,387099	0,206	7° 0′ 8″	0,378	0,054	0,081	0j 24h 5m
Vénus.	224 ,701	0,723332	0,007	3 23 35	0,954	0,868	0,859	23 21
La Terre.	365 ,256	1	0,017	0	1	1	1	23 56
Mars.	686 ,980	1,523691	0,093	1 51 2	0,540	0,157	0,119	24 37
Jupiter.	4332 ,585	5,202798	0,048	1 18 40	11,160	1389,996	337,171	9 55
Saturne.	10759 ,220	9,538852	0,056	2 29 28	9,527	864,694	100,806	10 30
Uranus.	30686 ,821	19,182639	0,046	0 46 30	4,221	75,253	17,208	»
Neptune.	60126 ,72	30,03697	0,009	1 46 59	4,407	85,605	20,231	»

* Voyez plus loin.
** Ou plutôt une question liée à celle-ci.
*** *Comptes rendus,* tome XXXVII, page 797.

PETITES PLANÈTES.

NOM de la planète.	TEMPS périodique.	DISTANCE moyenne.	EXCENTRICITÉ.	INCLINAISON.	AUTEUR ET DATE de la découverte.	
(1) Cérès.	1680,752	2,766541	0,080	10° 38′ 28″	Piazzi,	1er janv. 1801.
(2) Pallas.	1683,523	2,769582	0,239	34 42 41	Olbers,	28 mars 1802.
(3) Junon.	1594,293	2,670834	0,307	5 0 1	Harding,	1er sept. 1804.
(4) Vesta.	1324,767	2,360630	0,090	7 8 16	Olbers,	29 mars 1807.
(5) Astrée.	1511,369	2,577400	0,189	5 19 23	Hencke,	8 déc. 1845.
(6) Hébé.	1379,635	2,425368	0,202	14 46 32	Hencke,	1er juill. 1847.
(7) Iris.	1346,371	2,386225	0,231	5 28 2	Hind,	13 août 1847.
(8) Flore.	1193,281	2.201727	0,157	5 53 3	Hind,	18 oct. 1847.
(9) Métis.	1346,727	2,386646	0,123	5 35 58	Graham,	26 avril 1848.
(10) Hygie.	2043,386	3,151388	0,101	3 47 11	De Gasparis,	14 avril 1849.
(11) Parthénope.	1402,106	2,451633	0.100	4 37 1	De Gasparis,	11 mai 1850.
(12) Victoria.	1301,419	2,332812	0,219	8 23 19	Hind,	13 sept. 1850.
(13) Égérie.	1510,893	2,576860	0,089	16 32 14	De Gasparis,	2 nov. 1850.
(14) Irène.	1518,287	2,585260	0,169	9 6 44	Hind,	19 mai 1851.
(15) Eunomia.	1570,040	2,643679	0,187	11 44 17	De Gasparis,	29 juill. 1851.
(16) Psyché.	1825,591	2,923282	0,135	3 3 56	De Gasparis,	17 mars 1852.
(17) Thétis.	1420,130	2,427598	0,127	5 35 28	Luther,	17 avril 1852.
(18) Melpomène.	1270,437	2,295839	0,218	10 9 17	Hind,	24 juin 1852.
(19) Fortuna.	1393,301	2,441357	0.158	1 32 31	Hind,	22 août 1852.
(20) Massalia.	1365,949	2.409302	0,144	0 41 7	De Gasparis,	19 sept. 1852.
(21) Lutétia.	1388,236	2,435442	0,162	3 5 9	Goldschmidt,	15 nov. 1852.
(22) Calliope.	1812,275	2,909049	0,104	13 44 52	Hind,	16 nov. 1852.
(23) Thalie.	1556,375	2,628546	0,232	10 13 11	Hind,	15 déc. 1852.
(24) Thémis.	2033,830	3,141564	0,123	0 49 26	De Gasparis,	6 avril 1853.
(25) Phocéa.	1358,948	2,401061	0,253	21 35 54	Chacornac,	6 avril 1853.
(26) Proserpine.	1581,093	2,656071	0,087	3 35 48	Luther,	5 mai 1853.
(27) Euterpe.	1313,566	2,347304	0,173	1 35 31	Hind,	8 nov. 1853.
(28) Bellone.	1688,546	2,775509	0,155	9 22 33	Luther,	1er mars 1854.
(29) Amphitrite.	1491,591	2,554866	0.073	6 7 50	Marth,	1er mars 1854.
(30) Uranie.	1328,945	2,365591	0.126	2 5 56	Hind,	22 juill. 1854.
(31) Euphrosine.	2048,029	3,157288	0,104	26 25 12	Fergusson,	1er sept. 1854.
(32) Pomone.	1519,643	2.586799	0.082	5 29 3	Goldschmidt,	26 oct. 1854.
(33) Polymnie.	1771,588	2,865343	0,338	1 56 18	Chacornac,	28 oct. 1854.
(34) Circé.	1608,933	2,687161	0,108	5 26 28	Chacornac,	6 avril 1855.
(35) Leucothée.	1902,442	3,004755	0,214	8 10 48	Luther,	19 avril 1855.
(36) Atalante.	1665,600	2,749890	0,298	18 42 9	Goldschmidt,	5 oct. 1855.
(37) Fidès.	1568,875	2,642371	0,175	3 7 11	Luther,	5 oct. 1855.
(38) Léda.	1656,604	3,739980	0,155	6 58 26	Chacornac,	12 févr. 1856.
(39) Lætitia.	1684,447	2,770595	0,111	10 20 58	Chacornac,	8 févr. 1856.
(40) Harmonia.	1247,331	2,267723	0,046	4 15 52	Goldschmidt,	31 mars 1856.
(41) Daphné.	1681,535	2,767402	0,270	16 5 31	Goldschmidt,	22 mai 1856.
(42) Isis.	1392,137	2,439998	0,208	8 34 30	Pogson,	23 mai 1856.
(43) Ariane.	1194,998	2,203838	0,167	3 27 48	Pogson,	15 avril 1857.
(44) Nysa.	1377,824	2,420899	0,184	3 41 43	Goldschmidt,	27 mai 1857.
(45) Eugénia.	1639,809	2,721430	0,082	6 34 58	Goldschmidt,	11 juill. 1857.
(46) Hestia.	1470,161	2,530335	0,166	2 17 49	Pogson,	16 août 1857.
(47) Aglaïa.	1788,379	2,883421	0,131	5 0 0	Luther,	15 sept. 1857.
(48) Doris.	2002,686	3,109402	0,077	6 29 28	Goldschmidt.	19 sept. 1857.
(49) Palès.	1976,746	3,082494	0,237	3 8 46	Goldschmidt,	19 sept. 1857.
(50) Virginia.	1576,562	2,650995	0,287	2 47 46	Luther,	19 oct. 1857.
(51) Némausa.	1329,667	2,366448	0,066	9 56 55	Laurent,	22 janv. 1858.
(52) Europa.	1993,498	3,099883	0,101	7 24 35	Goldschmidt,	4 févr. 1858.
(53) Calypso.	1542,697	2,61289	0,180	5 3 39	Luther,	4 avril 1858.
(54) Alexandra.	1628,850	2,709332	0,199	11 46 58	Goldschmidt,	10 sept. 1858.

PETITES PLANÈTES (Suite).

NOM de la planète.	TEMPS périodique.	DISTANCE moyenne.	EXCENTRICITÉ.	INCLINAISON.	AUTEUR ET DATE de la découverte.
(55) Pandore.	1673,945	2,759068	0,145	7° 13′ 30″	Searle, 10 sept. 1858.
(56) Melete.	1529,217	2,597631	0,237	8 1 49	Goldschmidt, 24 oct. 1861.
(57) Mnémosyne.	2049,128	3,157288	0,104	15 8 2	Luther, 22 sept. 1859.
(58) Concordia.	1619,865	2,699318	0,042	5 1 50	Luther, 10 avril 1860.
(59) Olympia.	1633,270	2,714191	0,117	8 37 35	Chacornac, 12 sept. 1860.
(60) Danaé.	1884,105	2,985416	0,182	18 17 10	Goldschmidt, 9 sept. 1860.
(61) Echo.	1352,006	2,392879	0,185	3 34 27	Fergusson, 15 sept. 1860.
(62) Erato.	2023,443	3,130830	0,171	2 12 21	Forster et Lesser 14 sept 1860.
(63) Ausonia.	1355,639	2,397163	0,127	5 45 25	De Gasparis, 10 févr. 1861
(64) Angelina.	1603,004	2,680554	0,129	1 19 52	Tempel, 4 mars 1861.
(65) Maximiliana	2809,978	3,419849	0,120	3 28 10	Tempel, 8 mars 1861.
(66) Maïa.	1587,769	2,663344	0,134	3 2 23	Tuttle, 9 avril 1861.
(67) Asia.	1375,823	2,420899	0,184	5 59 33	Pogson, 17 avril 1861.
(68) Leto.	1693,400	2,780404	0,188	7 57 35	Luther, 29 avril 1861.
(69) Hesperia.	1871,126	2,971690	0,174	8 28 19	Schiaparelli, 29 avril 1861
(70) Panopea.	1557,084	2,629114	0,195	11 31 57	Goldschmidt, 5 mai 1861.
(71) Niobé.	1671,299	2,756160	0,174	23 18 30	Luther, 13 août 1861.
(72) Feronia.	1253,308	2,274958	0,116	5 25 56	Peters et Saffort, 12 fév. 1862.
(73) Clytia.	1592,972	2,669359	0,041	2 24 34	Tuttle, 7 avril 1662.
(74) Galathea.	1691,676	2,778516	0,238	3 58 19	Tempel, 29 août 1862.
(75) Eurydice.	1592,304	2,668613	0,256	13 3 21	Peters, 22 sept. 1862.
(76) Freia.	2276,197	3,386424	0,187	2 1 52	Darrest, 21 oct. 1862.
(77) Frigga.	1596,906	2,673752	0,136	2 27 55	Peters, 13 nov. 1862
(78) Diane.	1552,224	2,623642	0,204	8 38 29	Luther, 15 mars 1863
(79) Eurynome.	1395,160	2,443530	0,195	4 36 49	Watson, 14 sept. 1863.
(80) Sapho.	1271,047	2,296375	0,200	8 36 47	Pogson, 2 mai 1864.
(81) Terpsichore	1693,021	2,779990	0,131	8 45 43	Tempel, 7 oct. 1864.
(82) Alcmène.	1669,977	2,754706	0,223	2 51 26	Luther, 27 nov. 1864.
(83) Béatrix.	1389,457	2,436857	0,087	5 0 3	De Gasparis, 26 avril 1865.
(84) Clio.	1325,772	2,361823	0,236	9 22 16	Luther, 25 août 1865.
(85) Io.	1579,114	2,635855	0,191	11 53 13	Peters, 19 sept. 1865.
(86) Sémélé.	1984,729	3,090786	0,205	4 47 45	Tietjen, 4 janv. 1866.
(87) Sylvia.	2384,190	3,492706	0,812	10 51 22	Pogson, 16 mai 1866.
(88) Thisbé.	1684,074	2,770186	0,165	5 14 58	Peters, 20 juin 1866.
(89)	1487,184	2,549831	0,180	16 11 25	Stéphan, 6 août 1866.
(90) Antiope.	2049,465	3,157634	0,202	2 17 25	Luther, 1er oct. 1863.
(91)	1494,656	2,558364	0,088	2 9 25	Stéphan, 4 nov. 1866.
(92) Undine.	2085,771	3,194816	0,100	9 57 38	Peters, 7 juill 1867.
(93)					Watson, 24 août 1867.
(94)					Watson, 6 sept. 1867.
(95) Arethusa.					Luther, 23 nov. 1867.

Résumé.

Les *planètes* sont des astres qui semblent, comme le Soleil et la Lune, changer de position à l'égard des étoiles fixes.

Il y a 7 planètes principales : *Mercure*, *Vénus*, *Mars*, *Jupiter*, *Saturne*, *Uranus* et *Neptune*, et 95 petites planètes ou astéroïdes.

Les planètes diffèrent des étoiles en ce qu'*elles ont un diamètre apparent,* lorsqu'on les regarde au télescope, et en ce qu'*elles ne sont pas lumineuses par elles-mêmes.*

Presque toutes les planètes sont situées dans le *zodiaque.*

Mercure et *Vénus* sont appelées *planètes inférieures,* parce qu'elles sont *intérieures* à l'orbite terrestre; les autres planètes sont *extérieures* à cette orbite et sont nommées *planètes supérieures.*

Les planètes ont des *stations* et des *rétrogradations* qu'a expliquées *Copernic*, en supposant que *la Terre et les autres planètes se meuvent autour du Soleil, dans des orbites presque circulaires.*

Les *lois du mouvement des planètes*, découvertes par *Kepler,* sont au nombre de *trois :*

1° *Les orbites planétaires sont des ellipses dont le Soleil occupe un foyer commun;*

2° *Dans le mouvement de chaque planète autour du centre du Soleil, les aires décrites par le rayon vecteur sont proportionnelles aux temps;*

3° *Les carrés des temps des révolutions des planètes sont proportionnels aux cubes des grands axes de leurs orbites.*

Titius a trouvé que les distances des planètes au Soleil sont, à peu près, proportionnelles aux nombres : 4, 7, 10, 16, 28, 52, 100, 196.

Newton est arrivé à cette conséquence des lois de Kepler, que *le Soleil attire toutes les planètes, proportionnellement à leurs masses, et en raison inverse des carrés de leurs distances à son centre,* et il est arrivé par là à la grande *loi de la gravitation universelle*, que l'on peut énoncer ainsi :

Deux molécules quelconques s'attirent mutuellement, en raison directe de leurs masses et en raison inverse du carré de leur distance.

Mercure a un diamètre apparent d'environ 0,391, par rapport à celui de la Terre; il est fort peu distant du Soleil (environ 29°), présente des phases comme la Lune, et passe quelquefois sur le Soleil; la durée de sa rotation est de $24^h\ 5^m\ 8^s$; les variations des saisons y sont très-considérables.

Vénus ne s'éloigne jamais plus de 48 ou 49° du soleil; elle exécute son mouvement de rotation en $23^h\ 21^m$. Son diamètre apparent est représenté par 0,985. Elle passe aussi quelquefois sur le Soleil; parfois elle est éclairée par une sorte de *lumière cendrée;* enfin, elle possède peut-être *un satellite.*

Mars a un diamètre qui peut être représenté par 0,519; son volume est environ $\frac{1}{5}$ de celui de la Terre; sa rotation s'effectue en $24^h\ 39^m\ 21^s$, et sa révolution sidérale en 687 jours à peu près. L'aplatissement de son disque est environ $\frac{1}{30}$.

Jupiter est 1414 fois plus volumineux que notre globe; son diamètre apparent varie entre 30″ et 46″; il effectue sa révolution sidérale en 12 ans environ; son disque est aplati d'à peu près $\frac{1}{15}$, et sa rotation a une durée de $9^h\ 56^m$. Il possède *quatre satellites*, dont la découverte a conduit Roëmer à mesurer la *vitesse de la lumière*, vitesse qui est de 311 170 kilomètres par seconde.

Saturne ne nous apparaît que sous un diamètre de 16″ à 40″; il emploie 30 ans à parcourir son orbite; son aplatissement est égal à $\frac{1}{13}$. Cette planète tourne autour de son axe en 10ʰ 29ᵐ 17ˢ; elle possède *huit satellites* et *trois anneaux*.

Le disque d'*Uranus* a un diamètre apparent de 4″,; cette planète, dont le volume est égal à 80 fois celui de la Terre, a peut-être *huit satellites*.

Neptune a un diamètre apparent que l'on peut représenter par 4,719, et un volume égal à 110 fois celui de notre globe. Il possède *un satellite*.

La découverte des petites planètes a commencé le 1er janvier 1801.

CHAPITRE X.

Notions sur les comètes (302-308). — Comètes périodiques les plus célèbres (309-318).

Généralités sur les comètes*.

302. *Définitions.* — *Comète* veut dire *étoile chevelue*.

Le point lumineux, plus ou moins éclatant, qui s'aperçoit au centre d'une comète, s'appelle le *noyau*.

La nébulosité, l'espèce d'auréole qui entoure le noyau, porte le nom de *chevelure*.

La traînée lumineuse qui accompagne ordinairement une comète en constitue la *queue*.

Les astronomes modernes appelleraient *comète*, malgré l'étymologie, un astre qui pourrait n'avoir ni queue ni chevelure. A leurs yeux, les comètes ont pour caractères distinctifs: 1° *d'être douées d'un mouvement propre*; 2° *de pouvoir se transporter à de si grandes distances de la Terre, qu'elles cessent alors d'être visibles.*

Nature des orbites cométaires.

303. Depuis Tycho-Brahé, il a été reconnu que les comètes obéissent à la première des lois de Kepler : *leurs orbites sont des ellipses dont le Soleil occupe un foyer*; seulement *ces ellipses*

* Cette partie de notre travail est tirée, presque mot à mot, des deux *Notices sur les comètes*, dues à la savante plume d'Arago (*Annuaires* pour 1832 et 1843).

sont très-excentriques, puisque les comètes sont invisibles pendant une grande partie de leur parcours. Il résulte de là, et des propriétés de la parabole, que, pour représenter les diverses positions d'une comète voisine du *périhélie*, on peut, en général, substituer cette dernière courbe à l'ellipse. De cette manière, les *six* éléments de l'orbite se trouvent réduits à *cinq*, savoir :

1° *L'inclinaison;*
2° *La longitude du nœud;*
3° *La distance du périhélie*;*
4° *La longitude du périhélie;*
5° *L'époque du passage au périhélie.*

Habituellement, on fait d'abord abstraction de ce dernier élément qui se rapporte plutôt à la position de l'astre qu'à la nature de sa trajectoire; et alors *trois* observations suffisent pour calculer l'orbite *parabolique* de la comète.

304. *Sens du mouvement.* — Nous avons vu que le sens dans lequel les planètes circulent autour du Soleil est *direct*, et qu'il en est de même, en général, pour le mouvement des satellites autour des planètes. Cette loi ne subsiste plus pour les comètes : les unes se meuvent d'occident en orient, et les autres, dans la direction opposée. Il est donc nécessaire, quand on observe un de ces astres, d'indiquer si son mouvement est *direct*, ou s'il est *rétrograde*.

Constitution physique des comètes.

305. *Noyau.* — Les comètes ont souvent des noyaux assez semblables aux planètes par la forme et par l'éclat. Généralement ils sont très-petits; mais le contraire s'observe aussi quelquefois. Voici un tableau des diamètres de plusieurs noyaux de comètes :

Comète de 1798,	44 kilomètres.
Comète de décembre 1805,	48
Comète de 1799,	616
Comète de 1807,	888
Seconde comète de 1811,	4 356

* Cet élément remplace, à la fois, l'*excentricité* et le *demi-grand axe* de l'orbite elliptique.

Quelques astronomes prétendent que les noyaux cométaires jouissent d'une complète diaphanéité, que les comètes, en un mot, sont toujours de simples amas de vapeurs. Cette opinion paraît exagérée : de la discussion à laquelle Arago s'est livré, il résulte qu'il existe :

1° Des comètes sans noyau;

2° Des comètes dont le noyau est *peut-être* diaphane;

3° Des comètes *plus brillantes que les planètes,* dont le noyau est *probablement* solide et opaque.

306. *Nébulosité ou chevelure.* — Toutes les comètes présentent cette espèce de *nébulosité,* ce brouillard que les anciens appelaient la *chevelure :* la nébulosité de la petite comète de 1804 avait 8 000 *kilomètres* de diamètre!

La matière de la nébulosité est si rare, si diaphane, que les plus faibles lumières peuvent la traverser dans une immense profondeur, sans cesser d'être visibles. Ainsi, par exemple, Struve distinguait parfaitement une étoile de 11e grandeur, à travers la partie centrale de *la comète à courte période**.

Quand il existe un noyau au centre d'une comète, il arrive rarement que la nébulosité s'étende jusqu'à lui avec une intensité progressivement croissante. Les parties de cette nébulosité voisines du noyau sont, au contraire, peu lumineuses; elles semblent être extrêmement rares, elles paraissent très-diaphanes. A quelque distance du centre, leur propriété éclatante éprouve un accroissement subit, en sorte qu'à partir de là, on voit comme un anneau plus ou moins large qui reste ainsi en équilibre, suspendu autour de l'astre. Quelquefois on a aperçu deux, et même jusqu'à trois de ces anneaux concentriques, séparés par des intervalles où la lumière était à peine sensible. On conçoit que ce qui, en projection, paraît un anneau circulaire, doit être en réalité une *enveloppe sphérique.* Dans la comète de 1811, l'enveloppe n'avait pas moins de *quarante mille kilomètres* d'épaisseur, et *quarante-huit mille kilomètres* séparaient sa surface intérieure du centre du noyau.

307. *Queue.* — Ordinairement, la queue est placée *derrière la comète,* à l'opposite du Soleil; quelquefois, cependant, son axe fait un angle considérable avec la droite qui joint les deux astres. Au reste, *la queue incline constamment vers la région que la comète vient de quitter,* comme si, dans son mouvement

* Voir plus loin, n° 314.

à travers un milieu gazeux, la matière dont elle est formée éprouvait plus de résistance que celle du noyau.

Souvent, au lieu d'être rectiligne, la queue a une courbure très-sensible*. Celle de la comète de 1744 formait presque un quart de cercle, dans l'étendue de quelques degrés.

Les queues s'élargissent beaucoup en s'éloignant de la tête de la comète; leur milieu présente ordinairement une bande obscure qui les partage longitudinalement en deux parties distinctes et souvent presque égales. Les anciens observateurs voyaient dans cette bande l'ombre du corps de la comète. Cette explication ne pourrait pas s'appliquer aux queues non dirigées vers le Soleil. On satisfait plus généralement à tous les détails du phénomène, en considérant la queue comme un cône creux dont l'enveloppe aurait une certaine épaisseur. On voit aisément que la ligne visuelle dirigée près des bords de ce cône traverse beaucoup plus de particules nébuleuses que la ligne passant par le centre; or, que ces particules brillent par elles-mêmes, ou qu'elles réfléchissent seulement les rayons du Soleil, c'est leur nombre total qui, dans chaque direction, doit déterminer l'intensité de la lumière. Ainsi, dans l'hypothèse d'un cône creux, le plus grand éclat des bords de la queue, l'existence de deux bandes lumineuses séparées par un espace comparativement obscur, ne présentent plus de difficulté.

Il n'est pas rare que les comètes aient plusieurs queues séparées. Celle de 1744, le 7 et le 8 mars, en avait jusqu'à six, larges chacune d'environ 4 degrés, et longues de 30 à 41; leurs bords étaient tranchés et assez vifs; leur milieu n'émettait qu'une lumière très-atténuée; l'entre-deux de ces diverses queues était aussi sombre que le reste du ciel.

Les queues des comètes embrassent quelquefois d'immenses espaces. Voici les longueurs de quelques-unes d'entre elles :

Queue de la comète de.	1680,	plus de	164 000 000^{km}
— —	1769,	—	64 000 000
Queues multiples de la comète de	1744,	—	12 000 000

308. *Faible masse des comètes.* — Les comètes ont des masses très-petites; elles consistent presque toujours, comme on vient de le voir, en une sorte de vapeur plus ou moins condensée : aussi les astronomes n'ont remarqué, jusqu'à pré-

* Il en était ainsi de la belle *comète de Donati*, visible en 1858. Suivant M. Faye, la comète du 30 juin 1861 aurait présenté la même particularité. (*Comptes rendus*, 25 novembre 1861.)

sent, aucun dérangement causé par ces astres dans le système solaire. La comète de 1770, qui a été très-voisine de la Terre *, n'a produit aucun trouble dans notre mouvement. Laplace a calculé que si sa masse eût égalé celle de notre globe, la longueur de l'année sidérale aurait augmenté de $2^h\ 53^m$. La masse de cette comète n'était certainement pas le $\frac{1}{5000}$ de celle de notre globe : elle était probablement bien moindre encore, puisque l'astre a passé au milieu des satellites de Jupiter sans y causer la moindre perturbation **.

Comètes périodiques.

309. Nous avons dit ci-dessus que les comètes décrivent des ellipses dont le Soleil occupe un foyer. Si cette proposition était vraie d'une manière absolue, on pourrait toujours, après avoir observé pendant quelque temps une comète *nouvelle*, *prédire* l'époque de son *retour* au périhélie : toutes les comètes seraient donc *périodiques*. Mais, de même que l'attraction mutuelle des planètes modifie l'orbite de chacune d'elles (290), l'attraction qu'elles exercent sur les comètes altère les trajectoires de ces astres. A cause de la ténuité de la matière

* On se tromperait étrangement si, par cette expression de *très-voisine,* on entendait que la comète a passé à quelques myriamètres de la surface terrestre. Quand il s'agit de l'espace indéfini, l'échelle des distances est toujours très-grande : au moment où la comète de 1770 était *le plus voisine* de notre globe, elle s'en trouvait encore éloignée de 368 rayons terrestres.

** M. Babinet est bien plus explicite encore que Laplace. Après avoir rappelé qu'en 1828, « la comète d'Encke formait un globe régulier d'environ 500 000 kilomètres de diamètre, sans noyau distinct, » au travers duquel « M. Struve vit une étoile de onzième grandeur, sans noter de diminution d'éclat, » le savant académicien cherche à évaluer le rapport entre la densité de la substance cométaire et la densité de l'atmosphère terrestre. Des calculs que nous ne pouvons rapporter ici le conduisent aux propositions suivantes :

1° La substance d'une comète ne pourrait être évaluée, en densité, à une quantité aussi élevée que celle de l'atmosphère, divisée par

$$45\,000\,000\,000\,000\,000;$$

2° La masse de la comète (d'Encke) est environ

$$\frac{1}{194\,000\,000\,000\,000\,000\,000\,000\,000}$$

de celle de la Terre ;

3° A ce compte, une comète grosse comme la Terre pèserait seulement 3 000 kilogrammes.

Comptes rendus de l'Académie des sciences, tome XLIV, p. 360.)

qui compose ceux-ci, ces perturbations peuvent être énormes, surtout si la planète *perturbatrice* a une masse considérable. Ainsi, l'orbite d'une comète, après avoir peu différé d'une ellipse dans un arc assez long, pourra être changée en une courbe totalement différente de l'ellipse, si l'astre parvient dans le voisinage de Jupiter ou de Saturne. On comprend même que, dans certains cas, il serait possible qu'une comète devînt *satellite* d'une planète. En faisant abstraction de cette dernière circonstance, qui ne s'est peut-être jamais réalisée, et en nous bornant à considérer le cas le plus probable *a priori*, nous voyons qu'une même comète, lors de ses passages successifs au périhélie, pourra se mouvoir dans des arcs elliptiques ou paraboliques tellement dissemblables, qu'il sera impossible de *constater l'identité* de l'astre*. Il doit donc arriver fréquemment que des comètes *anciennes*, et par conséquent *périodiques*, soient regardées comme étant *nouvelles*.

310. Indépendamment des comètes dont la période est inconnue, parce que leur orbite est perturbée à chaque révolution, il peut y en avoir qui, après s'être rapprochées du Soleil jusqu'à une certaine distance, s'en éloignent, *soit indéfiniment, soit au delà de sa sphère d'attraction*, de manière à passer dans d'*autres systèmes solaires*. En effet, la trajectoire d'un corps sollicité vers un centre fixe, en raison inverse du carré de la distance, n'est pas *nécessairement* une ellipse : elle peut être une *parabole* et même une *hyperbole***; et comme ces courbes sont *ouvertes*, un astre qui les parcourrait deviendrait invisible à jamais, après l'époque où il était voisin du Soleil***.

311. Après les considérations dans lesquelles nous venons d'entrer, on ne s'étonnera pas si, sur environ 140 comètes dont les éléments sont connus, il y en ait seulement une douzaine qui soient *certainement* périodiques. Parmi ces dernières, on distingue les comètes de *Halley*, d'*Encke*, de *Biéla*, de *Faye* et la comète de *d'Arrest*.

* Les circonstances physiques relatives à la nébulosité, à la forme et à l'étendue de la queue, etc., ne peuvent pas servir à faire *reconnaître* une comète, parce qu'elles changent très-brusquement.

** Voyez les Traités de Mécanique.

*** On cite, parmi les comètes à orbites *probablement* hyperboliques, celles de 1723, de 1771, et la seconde comète de 1818. M. *Encke*, directeur de l'Observatoire de Berlin, a cru devoir ranger dans cette catégorie la grande comète de 1843.

Comète de Halley.

312. Une comète s'étant montrée en 1682, Halley en détermina les éléments paraboliques, qui se trouvèrent presque identiques avec ceux d'une comète de 1607. A cause de la grande similitude entre ces deux groupes d'éléments, Halley se crut autorisé à conclure que les deux comètes étaient un seul astre qui reparaîtrait au bout de 77 ans, c'est-à-dire *vers la fin de 1758 ou au commencement de 1759.*

Cette prédiction, en se vérifiant, devait créer une ère nouvelle dans l'Astronomie cométaire. Afin de convaincre les plus incrédules, on pensa qu'il serait utile de faire disparaître, quant à la date du retour, le vague dans lequel Halley s'était renfermé. C'est ce problème si difficile que Clairaut résolut. Il trouva qu'à raison du ralentissement que l'attraction des planètes apporterait dans sa marche, la comète emploierait 618 jours *de plus* que dans les révolutions précédentes, savoir : 100 jours par l'effet de Saturne et 518 jours par l'action de Jupiter. Le passage devait ainsi correspondre au milieu d'avril 1759. Clairaut avertit, toutefois, que, pressé par le temps, il n'avait pas fait son calcul avec toute la rigueur possible, et que l'erreur pourrait s'élever à 30 jours. L'événement justifia toutes ces annonces, car la comète passa au périhélie le 12 mars 1759 *.

313. Ce grand événement astronomique, cette confirmation éclatante de la théorie de Newton, devait se reproduire en 1835. Bien avant cette époque, MM. *Damoiseau, Pontécoulant, Rosenberger* et *Lehmann* calculèrent le retour de la comète au périhélie et le fixèrent, respectivement, au 4, au 7, au 11 et au 26 novembre. Dès le 5 août, la comète était observée à

* « Remarquons, à l'avantage des progrès de l'esprit humain, que cette comète qui, dans le dernier siècle, a excité le plus vif intérêt parmi les géomètres et les astronomes, avait été vue d'une manière bien différente quatre révolutions auparavant, en 1456. La longue queue qu'elle traînait après elle répandit la terreur dans l'Europe, déjà consternée par les succès rapides des Turcs qui venaient de renverser le Bas-Empire, et le pape Calixte ordonna des prières publiques dans lesquelles on conjurait la comète et les Turcs. On était loin de penser, dans ces temps d'ignorance, que la nature obéit toujours à des lois immuables. Suivant que les phénomènes arrivaient et se succédaient avec régularité, ou sans ordre apparent, on les faisait dépendre des causes finales ou du hasard ; et lorsqu'ils offraient quelque chose d'extraordinaire et semblaient contrarier l'ordre naturel, on les regardait comme autant de signes de la colère céleste. » (LAPLACE.)

Rome, par M. *de Vico*, dans le point du ciel assigné par M. Rosenberger, et, le 16 novembre, elle passait au périhélie.

Comète d'Encke.

314. Elle fut découverte à Marseille, le 28 novembre 1818, par M. Pons. Bouvard en calcula l'orbite *parabolique*, qui se trouva presque identique avec celle d'une comète observée en 1805. M. Encke, de Berlin, établit par des calculs incontestables que le nouvel astre employait seulement 1200 *jours* environ à parcourir toute l'étendue de son orbite elliptique. Il a été revu en 1822, 1825, 1829, etc. Son dernier retour au périhélie a dû avoir lieu le 27 mai 1865.

315. Cette comète présente une circonstance singulière : son temps périodique, et, par suite, le grand axe de son orbite, va en diminuant à chaque révolution. Cette diminution de durée, quoique assez faible (0j,7 en 67 ans), est sensible : M. Encke l'attribue à une résistance exercée par le milieu dans lequel la comète se meut. Il en conclut que l'astre finira par tomber dans le Soleil, à moins qu'il se dissipe avant.

Comète de Biéla.

316. Elle a été aperçue à Johannisberg, par M. Biéla, le 27 février 1826, et dix jours après, à Marseille, par M. Gambart. Celui-ci reconnut qu'elle avait déjà été observée en 1805 et en 1772. Il trouva que sa période est de 6 ans $\frac{3}{4}$ (2410 jours). Elle a reparu, ainsi qu'on l'avait annoncé, en 1832 et en 1846. Son orbite coupe presque celle de la Terre : si, en 1832, notre globe eût été d'un mois en avance de son lieu, il eût passé à travers la comète. Aussi les populations, bien que délivrées de leurs anciennes terreurs superstitieuses, se demandaient-elles avec inquiétude si la rencontre n'aurait pas lieu*.

* « Ce choc, quoique possible, est si peu vraisemblable dans le cours d'un siècle ; il faudrait un hasard si extraordinaire pour la rencontre de deux corps aussi petits relativement à l'immensité de l'espace dans lequel ils se meuvent, que l'on ne peut concevoir, à cet égard, aucune crainte raisonnable. Cependant la petite probabilité d'une pareille rencontre peut, en s'accumulant pendant une longue suite de siècles, devenir très-grande. Il est facile de se représenter les effets de ce choc sur la Terre. L'axe et le mouvement de rotation changés ; les mers abandonnant leur ancienne position pour se précipiter vers le nouvel équateur ; une grande

317. En 1846, cette comète présenta une particularité qui frappa d'étonnement tous les astronomes, et qui n'a pas d'exemple dans l'histoire de la science. On la vit se séparer en deux comètes distinctes, qui, après leur *dédoublement*, voyagèrent à peu de distance l'une de l'autre, dans un arc d'environ 70 degrés de leur orbite apparente. En même temps, il y eut un singulier *échange de lumière* entre les deux astres: le premier, celui qu'on peut appeler l'*ancienne* comète, fut d'abord beaucoup plus brillant que l'autre; puis, au bout de quelques jours, la *nouvelle* comète avait acquis sur sa compagne une supériorité décidée; après quoi celle-ci redevint prépondérante; deux mois après la *séparation*, la comète était redevenue simple.

Comète de Charles-Quint.

318. Pour compléter ce que nous avions à dire sur les comètes, nous transcrirons ici quelques lignes dues à une plume aussi spirituelle que savante et érudite :

« En 1556, une grande et belle comète apparaît. Charles-Quint, qui temporisait pour son abdication, n'hésite plus : c'est à lui seul que la comète s'adresse, comme au plus illustre de tous les souverains d'alors. Il espère que l'influence qui le menace comme tête couronnée n'aura plus de prise sur un homme privé, sur un moine. Il se hâte de se rendre en Espagne, au monastère où il doit encore vivre près de deux ans. Tout ceci n'a rien d'étonnant : c'est l'esprit, ce sont les croyances du siècle; mais au milieu du siècle dernier, on calcule cette *comète de Charles-Quint,* et on la trouve analogue à d'autres comètes qui, à trois cents ans de distance, se sont montrées dans le ciel..... .... On calcule donc le retour de cette grande comète pour 1848. Point de contradicteurs; ce retour est inscrit dans tous les livres d'exposition scientifique. Plusieurs astronomes, un peu avant 1848 et depuis, cherchent inutilement cette précieuse comète de trois cents ans de révolution, et qui serait une si belle acquisition pour notre système solaire; mais déjà 1848, 1849, 1850, 1851, 1852 et

partie des hommes et des animaux noyés dans ce déluge universel, ou détruits par la violente secousse imprimée au globe terrestre; des espèces entières anéanties; tous les monuments de l'industrie humaine renversés : tels sont les désastres que le choc d'une comète a dû produire, si sa masse a été comparable à celle de la Terre. » (Laplace.)

presque tout 1853 se sont écoulés *, et nous n'avons point de nouvelles de l'astre tant attendu......... Pourquoi la comète de 1556 ne reparaît-elle pas? Le voici :

« A côté de l'influence prépondérante du Soleil se place l'action bien plus faible, mais cependant sensible, des planètes, comme Jupiter, Saturne, Uranus, Neptune, qui fausse un peu la régularité de la marche des comètes autour du Soleil**. Il restait donc, pour savoir à quoi s'en tenir sur le compte de la comète de trois cents ans, il restait, dis-je, à faire pour cette comète ce que Clairaut, Lalande et Mme Lepaute avaient fait pour la comète de Halley, à son retour de 1759. Mais qui oserait tenter une entreprise si gigantesque pour une orbite parcourue en trois cents ans, tandis que pour soixante-dix-sept ans la difficulté était presque inabordable? M. Hind nous apprend qu'un astronome de Middelbourg, en Zélande, M. Bomm, animé d'une de ces passions froides qu'on dit être encore plus énergiques que les passions ardentes, a entrepris et accompli ce travail herculéen avec *une immense dépense de temps et de labeur*. Le résultat a bien payé sa persévérance : il a trouvé que le retour de la grande comète du milieu de ce siècle serait retardé de dix ans, et qu'avec une incertitude seulement de deux ans, nous aurons la comète en 1858***. » (BABINET, *Études et lectures*.)

Résumé.

Une *comète* est, suivant l'étymologie, une *étoile chevelue*. Elle se compose ordinairement de trois parties : le *noyau*, la *chevelure* et la *queue*.

L'orbite des comètes est une *ellipse* (très-excentrique) dont le soleil occupe un foyer.

Consistant presque toujours en une sorte de vapeur plus ou moins condensée, les comètes ont, pour cette raison, des masses très-petites.

Parmi les 140 comètes connues, il y en a seulement environ 12 qui soient certainement périodiques. On distingue, parmi ces dernières, les comètes de *Halley*, d'*Encke*, de *Biéla*, de *Faye* et de *d'Arrest*.

* Et aussi une partie de 1868!

** Voyez page 143.

*** Jusqu'à présent, ces prédictions ne se sont pas réalisées. Pendant quelques jours, on put *espérer* que la comète du 30 juin 1861 était celle de Charles-Quint: mais on reconnut bientôt que les deux astres sont complétement différents. Suivant M. Valz, la Terre a traversé, le 29 juin, la queue de la comète. Cette opinion est contestée par M. Faye.

CHAPITRE XI.

Notions d'astronomie sidérale (319-336). — Distance des étoiles à la terre (319-322). — Étoiles doubles (328-330). — Étoiles changeantes et colorées * (323, 326). — Nébuleuses (331-334). — Voie lactée (335, 336).

Distance des étoiles à la Terre.

319. Le procédé dont on fait usage pour déterminer la *distance d'un point donné à un point inaccessible* (*Levé des plans*, 28) est aussi celui auquel on doit recourir pour évaluer la distance d'une étoile à la Terre. Ainsi, A, B étant deux positions d'un observateur, si l'on mesure la *base* AB et les angles formés par cette base avec les rayons visuels dirigés vers une étoile E, ces éléments déterminent le triangle ABE, dans lequel on pourra calculer AE, BE. Cette méthode, très-exacte en théorie, exige, pour être applicable, que la base AB soit suffisamment grande : *si elle est trop petite, l'angle* AEB *sera du même ordre de grandeur que l'erreur commise* sur la mesure des angles A, B, et l'on ne pourra rien conclure de cette mesure.

Quand les stations A, B sont deux points de la surface terrestre, la base AB est toujours trop petite : avec quelque soin que l'on opère, on trouve constamment $A + B = 180°$. Ce résultat équivaut à celui-ci : l'angle sous lequel un observateur, placé à la surface d'une étoile, verrait la Terre est inférieur à 1″, et même à 0″, 1 **.

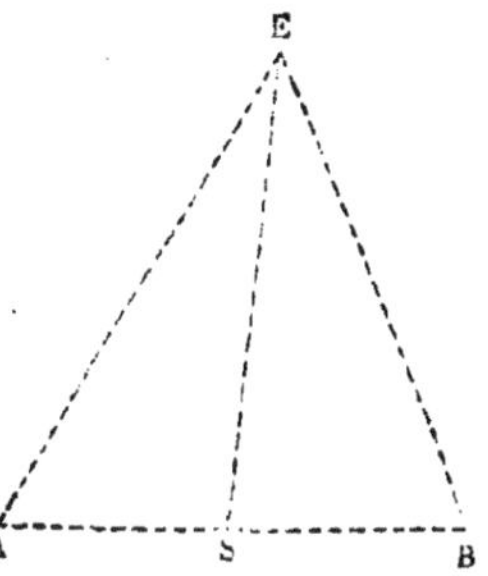

320. Ne pouvant prendre pour stations deux points de la surface du globe, on a essayé si le *diamètre de l'orbite terrestre* serait une base assez grande. A six mois d'intervalle, on mesure les distances angulaires EAS, EBS entre une étoile E et le Soleil S. Le complément de la demi-somme de ces deux angles est, à

* Les étoiles *changeantes* ne sont pas les étoiles *colorées*.

** Les méthodes et les instruments sont tellement perfectionnés, que quelques astronomes croient pouvoir évaluer les angles à *moins d'un dixième de seconde*. Cette *limite des erreurs* est peut-être exagérée.

fort peu près, *l'angle* ESB *sous lequel un observateur, placé à la surface de l'étoile, verrait le rayon de l'orbite terrestre* : ce dernier angle est ce qu'on appelle la *parallaxe annuelle* de l'étoile. Or, les travaux effectués jusqu'à présent par W. Herschel, J. Herschel, Bessel, Struve, et par d'autres astronomes, permettent d'affirmer que la *parallaxe annuelle d'une étoile quelconque est inférieure à 1''*.

321. Prenant ce résultat pour point de départ, et supposant le triangle AEB isocèle, on trouve, en désignant par R le rayon de l'orbite terrestre, et par d la distance de l'étoile à la Terre,

$$d > \frac{R}{\sin 1''}.$$

Les tables de sinus donnent $\frac{1}{\sin 1''} = 206\,265$; donc

$$d > 206\,265\ R.$$

Ainsi, *l'étoile la plus voisine de la Terre en est encore au moins deux cent six mille deux cent soixante-cinq fois aussi loin que le Soleil.*

322. Il ne servirait à rien d'exprimer une pareille distance en kilomètres, ou même en rayons terrestres. Pour essayer de nous en faire une idée, cherchons le temps que la lumière emploierait à la parcourir. Or la lumière du Soleil nous parvient en $8^m\ 13^s,3$ (282); par conséquent, l'atome lumineux émané d'une étoile atteindra l'œil de l'observateur au bout d'un temps au moins égal à $8^m\ 13^s,3 \,.\, 206265 = 3$ ans 82 jours. Si l'on se rappelle que la distance de la Terre au Soleil est d'environ 153 500 000 kilomètres, et que par conséquent *la lumière parcourt environ trois cent onze mille kilomètres par seconde*, on trouvera bien remarquable le résultat auquel nous venons d'arriver. Mais ce n'est pas tout : en admettant qu'il y ait des étoiles dont la distance au Soleil ou à la Terre soit égale à 206 265 R, il y en a, très-probablement, qui sont dix fois, cent fois, mille fois,... plus loin, et dont, par conséquent, *la lumière nous arrive en trente ans, en trois cents ans, en trois mille ans... !*

Étoiles changeantes ou périodiques.

323. « Il existe des étoiles dont l'éclat change périodiquement. Dans quelques-uns de ces astres singuliers, le passage du maximum au minimum d'intensité, et le retour du minimum au maximum, s'opèrent en peu de temps. Dans d'autres étoiles, au contraire, ces périodes sont assez longues. Dans l'année 1519, David Fabricius aperçut, au *Col de la Baleine,* une étoile de 3e *grandeur,* qui disparut en octobre de la même année. En 1603, Bayer dessina au Col de la Baleine, à la place même où l'étoile de Fabricius s'était évanouie, une étoile de 4e *grandeur,* qu'il appela o. Depuis cette époque, l'astronome français Bouilliaud trouva :

« Pour le temps qui s'écoule entre deux éclats ou entre deux disparitions successives de o de la Baleine, 333 jours ;

« Pour la durée de la plus grande clarté, environ 15 jours.

« Bouilliaud trouva encore :

« Que cette étoile va quelquefois jusqu'à la 2e grandeur, et que souvent elle s'arrête à la troisième ; etc. » (Arago.)

324. Parmi les étoiles à courte période, la plus remarquable est Algol, qui passe de la 2e à la 4e grandeur en *moins de trois jours*. On suppose que les changements d'aspect de cette étoile sont dus à sa révolution autour d'un corps opaque.

On doit citer encore μ du Navire Argo, qui varie brusquement de la 4e à la 1re grandeur, et dont l'éclat est centuplé en une période assez courte d'années*.

Étoiles temporaires.

325. Quelques étoiles, après avoir brillé avec un éclat extraordinaire, ont disparu. La plus célèbre est celle de 1572 : Tycho-Brahé, revenant de son observatoire, le 11 novembre au soir, fut surpris de rencontrer un groupe de curieux regardant une étoile qui venait d'*apparaître* dans la région comprise entre Céphée et Cassiopée. Elle était alors aussi brillante que Si-

* M. Babinet, à qui nous empruntons cette citation, ajoute : « Si, pour ces étoiles comme pour le Soleil, la chaleur est en proportion de la lumière, que peut-il advenir des planètes qui circulent sous l'empire calorifique de ce Soleil bizarre, et que doivent éprouver leurs habitants? »

rius * : quelques jours après, elle devint visible en plein midi. Son éclat commença à diminuer en décembre, et en mars 1574 elle disparut entièrement.

Étoiles colorées.

326. Les plus anciens observateurs avaient déjà remarqué qu'il existe des étoiles *rougeâtres*. Ptolémée, par exemple, rangeait dans cette catégorie Aldebaran, Pollux, Antarès et l'Épaule d'Orion. Autrefois, Sirius était rouge : aujourd'hui cette étoile est d'un blanc éclatant. Certaines étoiles sont bleues ou vertes, d'autres sont jaunes.

327. Dans les systèmes connus sous le nom d'*étoiles doubles*, si la petite étoile est très-bleue ou très-verte, la grande est ordinairement jaune et rouge. Il y a cependant des exceptions : dans π du Cygne, la grande étoile est *blanche*, la petite est bleuâtre ; dans δ du Serpent, les deux étoiles sont bleues.

Étoiles doubles. Leurs révolutions.

328. Les astronomes appellent *étoiles doubles, triples, quadruples, etc.*, des groupes de deux, trois, quatre étoiles *qui paraissent extrêmement rapprochées les unes des autres*. Très-souvent, la distance angulaire de deux étoiles est si petite, que les deux astres paraissent confondus, même quand on les regarde avec des lunettes ordinaires, et qu'il faut, pour les *séparer*, avoir recours à des instruments très-puissants. Par exemple, l'étoile γ de la *Couronne boréale* est réellement composée de deux étoiles, dont la distance est *inférieure* à 1″. Il en est de même pour ε du Bélier, λ de Cassiopée, etc.

* Voici, à propos de cette dernière étoile, quelques résultats intéressants :

La quantité de lumière envoyée à la Terre par la Lune, lors de son plein, est 27 408 fois celle qui provient de α du Centaure ;

La lumière du Soleil est 801 072 fois plus grande que celle de la Lune ;

Sirius nous envoie 4 fois autant de lumière que α du Centaure : à distance égale, il serait environ 146 fois plus brillant que notre Soleil* (J. Herschel).

* Par suite d'une erreur de calcul, M. Herschel trouve, au lieu de ce dernier nombre, 63,02 : la rectification a été faite par M. Babinet (*Revue des deux Mondes*, 1er novembre 1863).

329. Les étoiles *doubles* sont très-nombreuses : le catalogue formé par M. Struve en contient plus de *trois mille*. Quant aux étoiles *triples* ou *quadruples*, elles sont en petit nombre : le même recueil renferme seulement 52 étoiles triples.

330. Parmi les étoiles doubles, il en est qui, au lieu d'être simplement *juxtaposées*, forment de véritables *systèmes solaires* dans lesquels *la petite étoile tourne autour de la grande**. W. Herschel, Savary, Bessel et d'autres astronomes ou géomètres ont été conduits à penser, en étudiant quelques-uns de ces systèmes *binaires*, que, dans chacun d'eux, le mouvement de la petite étoile autour de la grande a lieu conformément aux deux premières lois de Kepler : c'est-à-dire que *les orbites stellaires sont des ellipses dont l'étoile principale occupe un foyer*, et que *les aires décrites sont proportionnelles aux temps*. De là résulte une conséquence bien importante : c'est que le *principe de la gravitation*, au lieu de s'appliquer seulement à *notre système solaire*, s'étend jusqu'aux confins de l'espace visible**!

Nébuleuses.

331. *Définition et classification*. — Les *nébuleuses* sont des *taches diffuses* que les astronomes ont découvertes dans toutes les parties du ciel. Depuis les travaux de W. Herschel, on les

* Plus exactement, chacune des étoiles tourne autour du centre de gravité de leur système.

** D'après M. Yvon Villarceau, cette conclusion (qui est celle de M. J. Herschel*) serait *peut-être* prématurée. Ce géomètre résume ainsi son opinion :

« *Bien qu'il résulte, des recherches des astronomes, que le mouvement observé dans les systèmes binaires ne se soit jusqu'ici montré nulle part en opposition avec les lois de la pesanteur, nous n'avons pas encore le droit de conclure que cette loi régit effectivement les mouvements des étoiles doubles, comme elle régit les mouvements planétaires. — Les observations d'étoiles doubles ne peuvent pas fournir une preuve expérimentale de l'universalité de lois de la pesanteur, mais seulement de puissantes probabilités qui semblent commencer à se produire.* » (*Connaissance des Temps*, pour l'année 1852.)

* ..... Si, dans un seul exemple (celui de *p* d'Ophiucus), il existe des déviations du mouvement elliptique, trop considérables pour provenir d'une simple erreur d'observation, il vaut mieux regarder, comme la cause de ces déviations, les perturbations provenant de quelque grande étoile double qui nous a été cachée jusqu'ici, que de douter de la loi de Newton dans la généralité de ses applications. (*Astronomie d'Herschel*, traduction de Vergnaud, 1853.)

a partagées en deux classes : les *nébuleuses résolubles* et les *nébuleuses proprement dites*. Les premières sont des *amas d'étoiles* tellement rapprochées les unes des autres, qu'il faut recourir, pour les séparer, aux instruments les plus puissants ; les nébuleuses proprement dites seraient, d'après plusieurs astronomes, des *matières phosphorescentes, répandues dans l'univers, et qui, étant condensées, produisent les étoiles* *. D'autres savants, parmi lesquels on doit citer J. Herschel, sont d'avis qu'il n'y a pas de distinction essentielle entre les deux sortes de nébuleuses, et que si un grand nombre d'entre elles ne sont pas encore résolues, cela tient à l'imperfection des instruments.

332. *Nombre des nébuleuses.* — La première nébuleuse connue est celle d'*Andromède*. Elle fut observée, en 1612, par Simon Marius. Cet astronome comparait la lumière de cette nébuleuse *à celle d'une chandelle vue à travers une feuille de corne*. Plus tard, en 1656, Huygens aperçut la nébuleuse d'*Orion*. En 1783, on ne connaissait encore que 96 nébuleuses; W. Herschel porta leur nombre à plus de *deux mille cinq cents*. Aujourd'hui, on en compte jusqu'à *six mille*.

333. *Forme et situation des nébuleuses.* — Ordinairement, les nébuleuses sont *circulaires;* d'autres fois elles sont *perforées* ou en *anneau*. Il en existe qui, très-allongées et très-étroites, pourraient être prises pour de simples *lignes lumineuses, droites* ou *serpentantes ;* d'autres sont ouvertes *en forme d'éventail, etc.*

Par une sorte de *compensation*, les espaces qui avoisinent les nébuleuses renferment ordinairement peu d'étoiles. Ainsi, une des nébuleuses les plus *riches en étoiles* se trouve sur le bord d'un vaste trou** obscur, large de 4 degrés, situé dans la constellation du *Scorpion*.

* Arago, dont l'opinion doit avoir un si grand poids, a été conduit à conclure que *nous assistons à la formation de véritables étoiles*. (*Notice sur W. Herschel.*)

** Un autre espace à peu près *vide d'étoiles* se rencontre près de la *Croix du Sud*. Sa forme est celle d'une poire ; il occupe 8 degrés de long et 5 de large : les astronomes anglais lui ont donné le nom bizarre de *Sac à charbon*. L'illustre Humboldt pensait que ces espaces obscurs peuvent bien être « de vastes trous par lesquels nos regards plongent dans les parties les plus reculées de l'univers. »

334. *Nombre des étoiles contenues dans certaines nébuleuses.* — « On s'est assuré qu'une nébuleuse dont le diamètre est d'environ 10 minutes, dont l'étendue superficielle apparente est à peine égale au dixième de celle du disque lunaire, ne renferme pas moins de *vingt mille étoiles!* » (ARAGO.)

Voie lactée.

335. La *Voie lactée* est une zone lumineuse, blanchâtre et irrégulière, qui divise la sphère céleste en deux parties presque égales. Elle y trace à peu près un grand cercle, après avoir éprouvé une bifurcation aiguë, d'où résulte l'*arc secondaire* qui, après être resté séparé de l'*arc principal* dans l'étendue d'environ 120 degrés, se confond de nouveau avec lui. La largeur de cette zone varie entre 5 et 16 degrés. Ses deux branches embrassent plus de 22 degrés sur la sphère.

336. W. Herschel a reconnu que la *Voie lactée se compose d'une innombrable quantité d'étoiles,* confondues à la vue simple, mais *qui se séparent* quand on les regarde au télescope* : cette partie du ciel est donc une nébuleuse résoluble, *très-mince, dans laquelle notre Soleil est placé.* Ce grand astronome pensait que la Voie lactée renferme au moins *cinquante millions* d'étoiles. Ces étoiles, à peu près également espacées entre elles, forment une couche, une *strate,* comprise entre deux surfaces presque planes, parallèles et rapprochées, mais prolongées à d'immenses distances; la strate, ayant la forme générale d'une meule, est très-mince, comparativement aux incalculables distances jusqu'où s'étendent, en tout sens, les deux surfaces planes qui la contiennent, etc. Si toutes les nébuleuses sont comparables à la Voie lactée pour la *richesse en étoiles* et pour la grandeur, si chacune d'elles renferme *plusieurs millions de soleils,* distribués d'une manière à peu près régulière, et tellement éloignés les uns des autres, que la lumière emploie plus de trois ans pour franchir la distance comprise entre deux étoiles *voisines***; l'*univers visible* s'a-

* Dans l'espace d'un quart d'heure, Herschel a compté jusqu'à 116 000 étoiles traversant le champ de la lunette!

** Les observations d'Herschel semblent prouver que la Terre occupe à peu près le centre de la Voie lactée, et que les étoiles placées à la

grandit si prodigieusement, que l'imagination effrayée le confond, pour ainsi dire, avec l'*univers infini*.

Résumé.

L'*étoile la plus voisine de la Terre* en est encore au moins 206 265 fois aussi loin que le Soleil.

Il existe des étoiles dont l'éclat change périodiquement : on les appelle, pour cette raison, étoiles *changeantes* ou *périodiques*.

D'autres, que l'on appelle *étoiles temporaires*, ont disparu après avoir brillé avec beaucoup d'éclat.

Les étoiles brillent de *diverses couleurs*.

On appelle étoiles *doubles*, *triples*, *etc.*, des groupes de *deux*, de *trois* étoiles qui paraissent extrêmement rapprochées les unes des autres.

Il y a environ 3 000 étoiles doubles.

Les *nébuleuses* sont des *taches diffuses* que l'on découvre dans toutes les parties du ciel. Elles sont de formes très-variées, et renferment jusqu'à 20 000 étoiles.

La *Voie lactée* est une zone lumineuse, blanchâtre et irrégulière, qui divise la sphère céleste en deux parties égales. Elle se compose d'une innombrable quantité d'étoiles (au moins cinquante millions).

circonférence de cette nébuleuse sont, au moins, 500 fois plus éloignées de nous que α du Centaure. D'après cela, la lumière doit employer au moins 3 000 ans pour parcourir un diamètre de notre nébuleuse.

Ce n'est pas tout : si l'on suppose qu'une nébuleuse, dont le diamètre apparent soit 10' (334), ait des dimensions à peu près égales à celles de la Voie lactée, on trouve aisément que la distance de cette nébuleuse à la Terre est environ 334 fois son diamètre. Par conséquent, la lumière emploierait, à nous en arriver, 334 fois 3 000 ans, ou *un peu plus d'un million d'années!*

Ce résultat, qui ne paraît avoir rien d'exagéré, laisse bien loin celui que nous avions donné, sous forme hypothétique, à la page 150.

CHAPITRE XII.

Notions sur le phénomène des marées (337-343).

Phénomène des marées.

337. On appelle *marée* un mouvement périodique des eaux de la mer, d'après lequel elles s'élèvent et s'abaissent, en un même lieu, au-dessus ou au-dessous d'une certaine hauteur moyenne. Dans le premier cas, il y a *flux, marée haute* ou *haute mer;* dans le second, *reflux, marée basse* ou *basse mer.*

338. Deux fois par jour, ou, plus exactement, deux fois en $24^h\ 52^m$*, la mer atteint sa hauteur maximum; deux fois par jour aussi, elle descend à son niveau minimum. Les quatre oscillations s'exécutent dans des temps qui ne sont pas absolument égaux : la mer n'emploie pas le même temps à monter et à descendre. Au Havre, elle met $2^h\ 8^m$ de plus à descendre qu'à monter; la même chose a lieu à Boulogne; à Brest, la différence est seulement de 10^m.

Inégalités dans les marées.

339. La hauteur des marées varie avec les phases de la Lune. Les plus grandes marées ont lieu vers les syzygies, et les plus petites vers les quadratures. Le retour des marées, qui retarde moyennement de 52^m d'un jour à l'autre, varie aussi avec les phases de la Lune. Enfin, la hauteur des marées varie aussi avec les déclinaisons du Soleil et de la Lune, et avec les distances de ces astres à la Terre. Elle est d'autant plus grande, que le Soleil et la Lune sont rapprochés de la Terre et du plan de l'équateur. La distance de la Lune a surtout une grande influence. Aussi les marées les plus fortes arrivent aux équinoxes, quand la Lune est au périgée et très-voisine de l'équateur; et les plus faibles aux solstices, quand la Lune est à l'apogée et que sa déclinaison est très-grande. Au reste, on a remarqué que plus la mer s'élève quand elle est pleine, plus elle descend dans la basse mer suivante.

* Cette valeur, qui n'est qu'une moyenne, est égale à la durée du jour lunaire moyen (196).

Les vents produisent des variations accidentelles dans les marées : il en résulte, parfois, qu'une marée d'équinoxe, qui aurait dû produire de grands ravages, est à peine sensible.

Cause des marées.

340. *Marée lunaire.* — D'après ce qui précède, il y a lieu de croire que le phénomène est principalement dû à l'attraction exercée par la Lune sur les eaux de la mer. C'est ce dont il est facile de s'assurer.

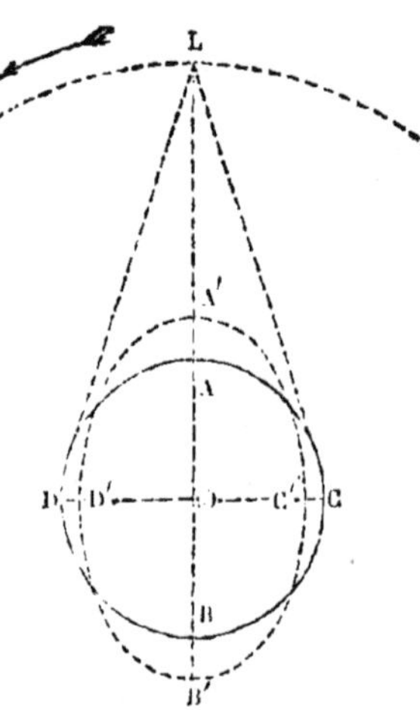

Supposons que la Lune L se meuve dans le plan de l'équateur terrestre ABCD. Faisons abstraction des parties solides du globe, et regardons-le comme se réduisant à une masse liquide, supposée sphérique pour plus de simplicité.

D'après la loi de la gravitation universelle, l'attraction exercée par la Lune sur une molécule placée au centre O, est proportionnelle à $\frac{1}{d^2}$, d représentant la distance OL. De même, R étant le rayon de la Terre, l'attraction de la Lune sur une molécule placée au point A sera proportionnelle à $\frac{1}{(d-R)^2}$. Cette dernière fraction étant plus grande que la première, *le point A doit s'éloigner du centre.*

Pour la même raison, le point B, diamétralement opposé au point A, s'éloignera du centre de la masse liquide.

Quant aux points C, D, situés sur le diamètre équatorial perpendiculaire à OL, ils sont sollicités à peu près comme le point O, attendu que les droites LC, LD diffèrent peu de la droite LO, en grandeur et en direction.

Sans entrer dans de plus longs développements, nous pouvons conclure que *l'attraction lunaire doit. 1° transformer une sphère liquide en un sphéroïde dont le grand axe passe par le centre de la Lune; 2° déterminer une marée haute dans tous* *les lieux situés sur le méridien passant par la Lune*, et une marée basse sur tous les points du méridien perpendiculaire au premier.*

341. *Marée solaire.* — L'attraction du Soleil doit produire des effets analogues à ceux qui proviennent de l'attraction lunaire. Il y a donc chaque jour, dans un même lieu, deux marées hautes et deux marées basses produites par le Soleil : elles sont beaucoup moins sensibles que les marées lunaires.

342. *Marée totale.* — La résultante de la marée solaire et de la marée lunaire, c'est-à-dire la marée que l'on observe, est appelée *marée totale.* Elle n'arrive qu'un jour et demi après l'instant où l'action combinée de la Lune et du Soleil, sur un lieu donné, est parvenue à sa plus grande intensité.

Établissement du port.

343. Il semblerait, d'après ce qui précède, et en faisant abstraction de la marée solaire, que le moment de la haute mer doit être celui du passage de la Lune au méridien. Le phénomène est beaucoup plus compliqué : la configuration des côtes et d'autres circonstances locales produisent un retard que l'on détermine par l'observation. Ce retard est ce qu'on appelle *établissement du port.* Il est de 3^h 45^m à Brest, de 6^h à Saint-Malo, etc.**.

Résumé.

Les *marées* sont des mouvements périodiques des eaux de la mer, d'après lesquels elles s'élèvent et s'abaissent, en un même lieu, au-dessus et au-dessous d'une certaine hauteur moyenne.

Dans le premier cas, il y a *flux, marée haute* ou *haute mer;* dans le second, *reflux, marée basse* ou *basse mer.*

La mer exécute ces mouvements tous les jours.

La principale cause des marées est l'*attraction* exercée par la Lune sur les eaux de la mer.

On donne le nom d'*établissement du port* au retard qu'éprouve la marée.

* Ou, plus exactement, dans les lieux qui ont la Lune presque à leur zénith.

** La plus grande partie de ce chapitre est extraite d'une savante Note due à M. Mathieu, et publiée dans l'*Annuaire du Bureau des longitudes.*

Planche I.

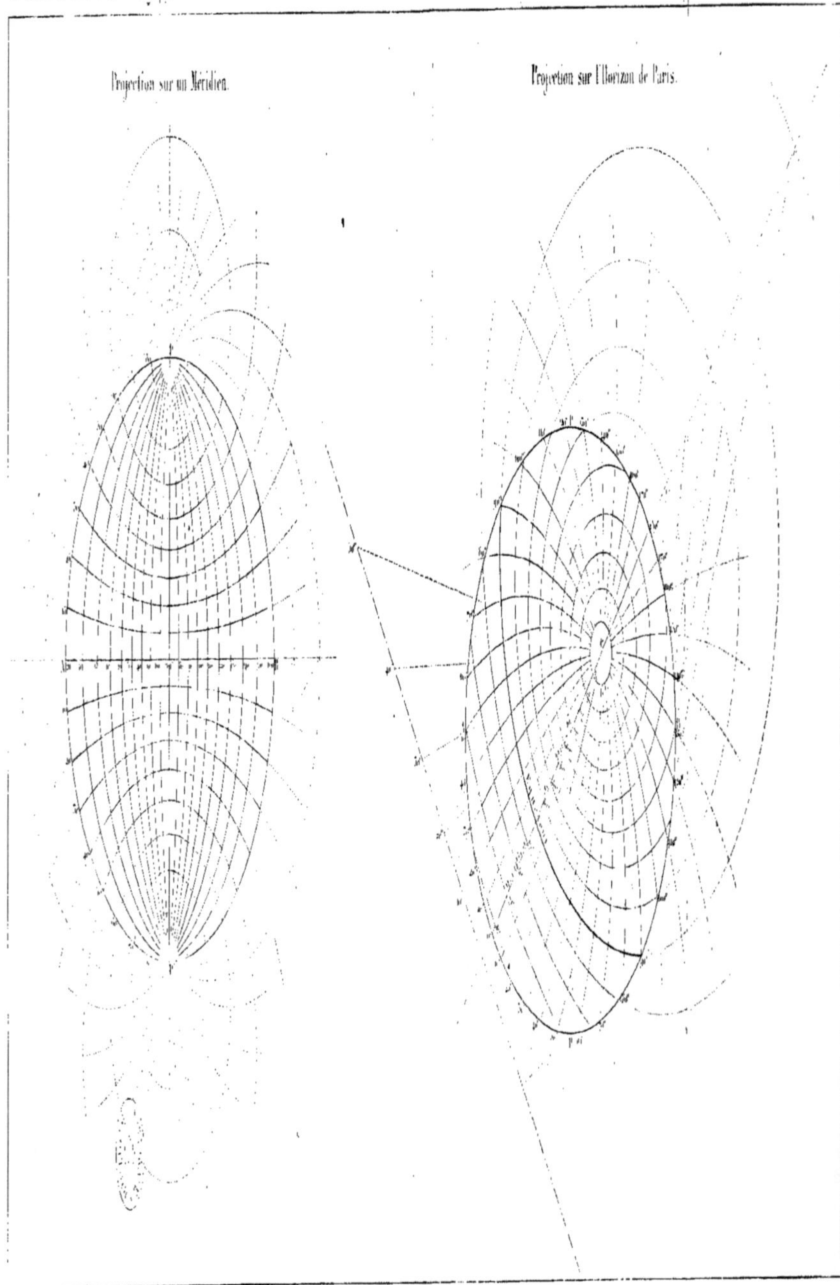

Paris Delalain, imp. ... rue des Écoles ...

... par Thomeret

onstellations visibles à Paris.

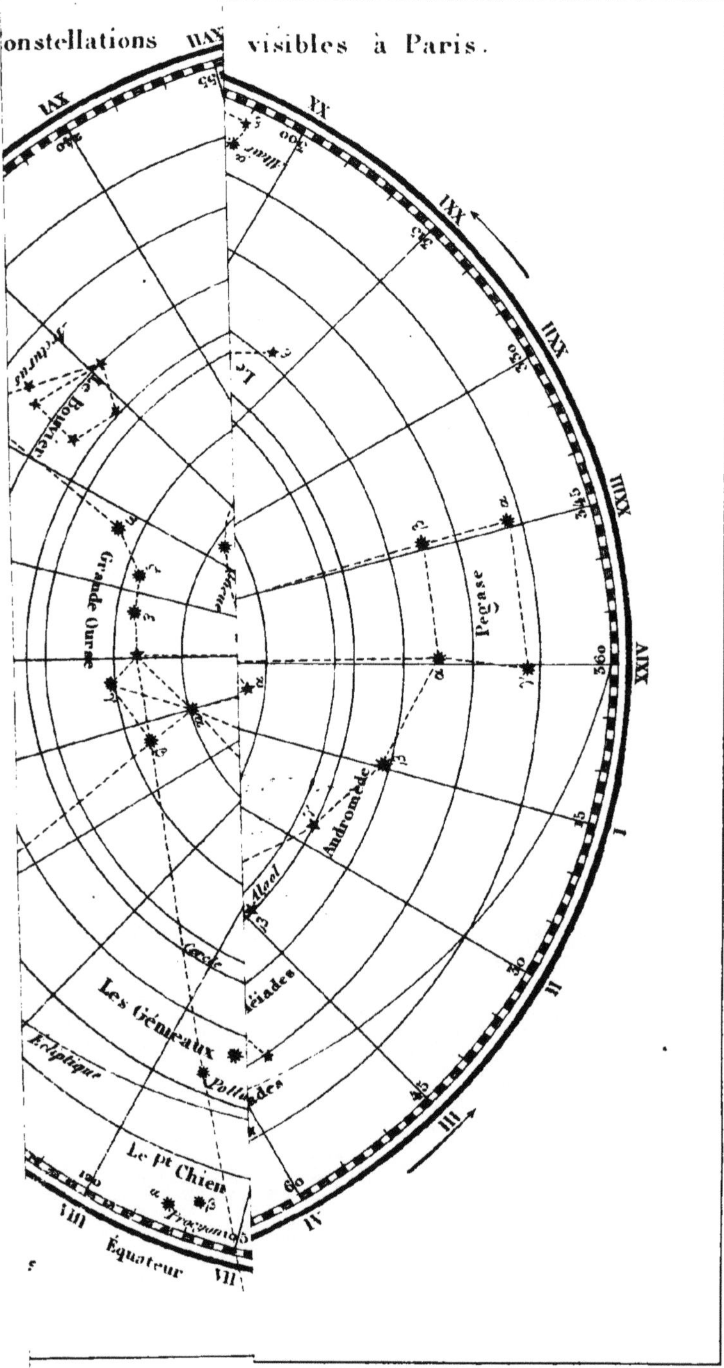

les. 56.

Gravé par L. Chaumont.

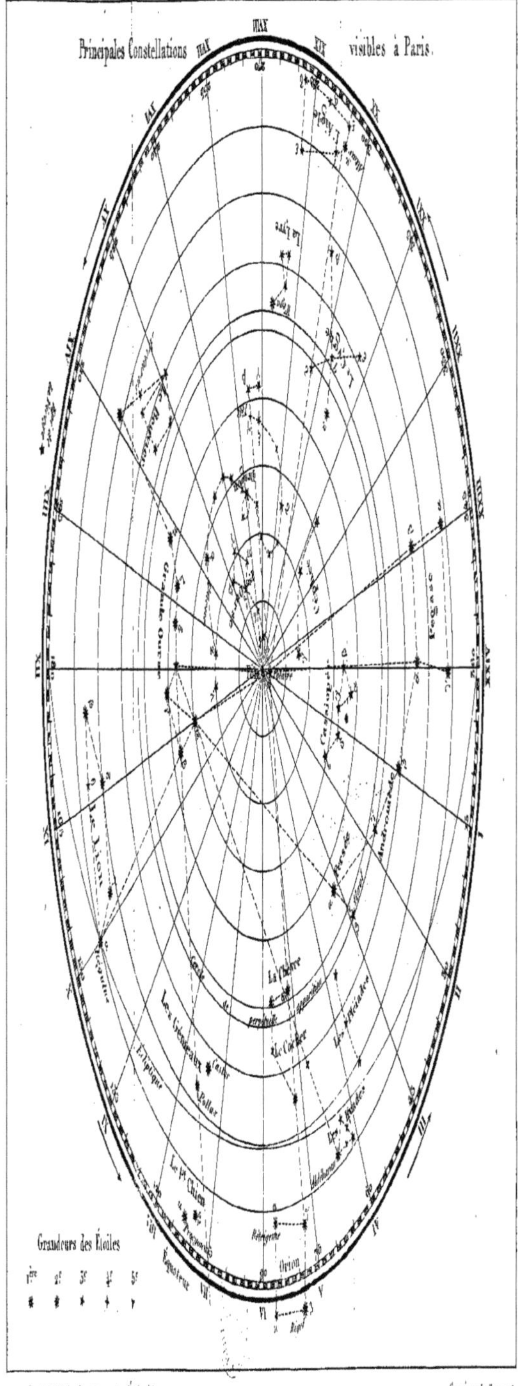

Paris, A Delalain, imp. r. des Écoles 56.
Gravé par L. Chaumont.

www.ingramcontent.com/pod-product-compliance
Ingram Content Group UK Ltd.
Pitfield, Milton Keynes, MK11 3LW, UK
UKHW020252180726
13839UKWH00001B/298

9 782329 320533